U0118549

用閱讀搭起您與上帝的天梯

浸泡聖靈中

天天與神同在的生活型態

凱洛‧亞諾特 Carol Arnott 著

劉如菁 譯

給親愛的 _____

　　浸泡是刻意騰出空間來跟神在一起並領受祂。

不管你的生活有多忙碌，

不管你遭遇何事，

浸泡聖靈中絕對不是浪費時間。

_____ 敬贈

目錄 • Contents

聯合推薦

教會建造一定會遇到各種的挑戰，但如何才能跨越自己軟弱，不斷地向神有一個積極的心志？我常常會勉勵同工，我們不能只是外在作工人，但內在的生命跟不上。而每一天我們來到教會服事，為了就是要遇見耶穌，我們的生命必須緊緊連結於神，如此情緒才會穩定、屬靈肌肉也才會結實，服事自然也會更有承擔力。

所以每一天我們一定要花時間敬拜、浸泡在神的愛中！當我們的心被神的愛充滿時，不論面對什麼樣的環境，我們會開始有神的眼光來正面解讀，並且用真理來抵擋不舒服的感覺，不會輕易被那些負面的情緒玷汙，給仇敵留了地步。我們也會有一個很大的安全感，知道有一位愛我們的天父，在跟隨神的路上，我們就不會很容易受傷。

　　一直以來，我們教會的核心價值，首要的就是尋求神，這也是我們一輩子服事神最重要的事；無論什麼事情就是先尋求神，包括所有的決定，都是因著尋求神而來。我們的服事也是要把人帶到神的面前去尋求神，而尋求神有很多的方式，其一就是書中提到的浸泡（soaking），花時間在神的面前默想、注視神，或是透過敬拜，讓詩歌進到我們的靈裡，在敬拜的最深處，你會發現你的全心全人可以降服在神面前，而當我們的人對了，其他就對了，一天天你會愈過愈自在。

　　如同書中提到的，聖靈想要親近我們，與我們有一個親密的關係，但這是需要我們刻意操練、騰出空間給神的。透過本書循序漸進地帶領，你將能更深地浸泡神的同在裡，神的兒女會領受全然的安息、經歷屬天的醫治、得著倚靠的力量，當然更重要的是，你會更深地被神的愛吸引、更多地愛神！生命是有層次的，屬靈也是有層次的，透過本書我們可以一步步學習操練、浸泡在聖靈的同在裡。鼓勵每一位屬神的兒女，一定要讓「尋求神」成為我們的生活方式和模式，而當我們大小事情都與神連結，相信無論發生什麼事情，都是神允許同意，是神掌管我們的

生命，人們也會透過我們看見神，並且渴慕一起來經歷這位愛我們到底、又真又活的神！

丁家蘊

夏凱納靈糧堂、士林靈糧堂牧師

約翰與凱洛·亞諾特牧師夫婦（John & Carol Arnott）是經歷1994年多倫多大復興的帶領領袖，他們的服事與教導，影響遍及全球的教會。三十年來這場復興之火，能持續影響、燃燒到各地，至今不歇，是因為他們切慕神的同在，渴望被聖靈充滿，領受聖靈恩膏澆灌，尊重聖靈的工作，聆聽神的聲音，順服聖靈帶領，運用聖靈恩賜——其中，特別是對醫治釋放的服事極為重視。在本書中，凱洛師母把復興持續的關鍵「浸泡聖靈中」，傳講給渴慕聖靈復興之火長存的眾教會，將「浸泡聖靈中」的祕訣與精髓詳述無遺。

「浸泡聖靈中」，是讓神超自然地在你的腦部動手術，除去生命中如腫瘤般的堅固營壘；是讓神在你的心靈深處做屬靈的潔淨工作，進入心意更新而變化的過程。當浸泡在聖靈同在中成為你的生活常態，你會發現自己心智健康、情緒穩定、靈命成長、恩膏能力都大有長進，往往身體也開始強健起來，有時你渴望已久的醫治正在悄然發生，或是以迅雷不及掩耳的速度一蹴而成！常常有弟兄姊妹問我，已經接受過多次醫治釋放的禱告服事，那過往的創傷仍困擾著他，或是又陷入憂傷懼怕的捆綁中，還需要再做醫治釋放嗎？我常常發現他們需要的，不是多一次的醫治釋放，而是操練與神同在──「浸泡聖靈中」。

凱洛師母在書中有聖經真理的教導應用，實際可循的操練方法，詳盡的解說與見證，她毫無保留寫下其寶貴的經歷，引導你得入其門，開始經歷神奇妙同在所帶來的親密滿足感。我相信讀者閱後，必能釋疑無懼，勇於進入與神同在的親密關係新境界。凡是覺得靈魂深處乾涸者、想掙脫身心靈長期受轄制捆綁者、或是疲憊不堪的服事者，將要經歷浸泡聖靈中不同以往的敬拜與禱告，獲有重新得力的自由喜樂，如以賽亞書四十章31節：「但那等候耶和

華的必重新得力。他們必如鷹展翅上騰；他們奔跑卻不困倦，行走卻不疲乏。」

樊羅啟華

愛修國際領袖學院 美國校本部 教務主任
愛修園 醫治釋放事工國際主任

序 1

操練浸泡，與神更親密

貝妮‧強生（Beni Johnson）

加州雷汀市伯特利教會資深領袖
著有 The Power of Communion、
Healthy & Free、The Happy Intercessor 等書

　　在1996年，我有一次與神相遇而改變生命的經歷。那年比爾和我聽說約翰與凱洛‧亞諾特的教會「多倫多機場基督徒團契」爆發復興，於是我們前往，我的父母也同行。雖然我們並非在身心崩耗的狀態下前去，不過確實是十分渴望更多的認識神。我們帶著一股神聖的不滿足感前往，滿懷熱情地想看神所預備、要在我們生命中顯明的一切。一次晚堂聚會後，我在神的大能裡倒下，前所未有地躺在地上顫抖長達二十分鐘，無法起身。後來主對我說，

祂震動掉我生命裡的堅固營壘,使我真實的身分浮現。從此我被徹底改變。比爾常喜歡說,他帶著一隻綿羊去多倫多,回來時卻帶著一頭母獅子!

每一個花時間待在神同在中的人都會如此的。自從那次與神相遇後,懼怕之於我的生命再無權柄地位。黑暗無法待在大光之中。

從多倫多返家後,我開始生平首次操練浸泡(soaking)。我把焦點定在愛慕神,集中全副注意力與祂相交。我完全陷入愛中,只想待在祂腳前。我開始學習如何與聖靈連結並留在神的同在之中,別無目的,也不為向祂祈求任何事。慢慢地,我靈裡那口親密之井越挖越深,直到今天,這操練仍是我每日與神同行的軸心。

關於操練浸泡在神的同在中,凱洛這本新書裡不但有她自己的見證,也有聖經的教導和實用的智慧,三股交織成強而有力的教導。她以這本書邀請讀者在與神的關係中成長,而且告訴我們怎麼做──就是分別時間出來讓自己完全浸入祂的同在裡,如此真的會變得更像耶穌,且獲得更好的裝備,可以傾倒馨香膏油給這個渴望認識天父的世界。

我們更親近耶穌，祂就再次把我們導回祂自己和祂為我們生命所做的原初設計，這絕對是神的恩典。浸泡的意義就在與神的親密關係；在這關係中我們無法一成不變。

約翰與凱洛的順服和遵行聖靈的指引，使我的屬靈生命被轉化。我要鼓勵每一位信徒都來讀這本書，它的信息對當前文化至關重要。讓這本書裡的見證挑旺你的靈，並鼓勵你在忙碌的生活中保護這片在神同在裡休息的空間。讓祂的同在充滿你，好叫基督的身體能真正釋放國度，將天堂帶到地上來。

序2

在神愛中經歷轉化

海蒂‧貝克博士（**Heidi G. Baker Ph.D.**）

彩虹事工（Iris Global）共同創辦人暨執行長

　　以刻意的、改變生命的方式住在神的同在裡，是凱洛‧亞諾特這本書所要說的。浸泡（soaking）的概念也許讓你一時無法理解，但是，這本美麗的書把它帶到實際的個人層次上，你會一邊讀一邊想直接躍入神的榮耀同在中。浸泡禱告可不是走極端的基督徒的奇怪路線，而是給每一個人的。

　　神早就知道掠過你心的每一個念頭、祈禱和掛慮，但關係是透過溝通建立起來的，祂呼召我們定意與聖靈保持

溝通，好認識祂並了解祂的道路——這需要時間。在神的同在裡，我們被轉化，心靈得醫治，心智得更新，靈性被提升。你將在本書讀到許多個人見證，看見浸泡在聖靈中對作者和其他人生命的改變，包括心靈醫治，還有身體得醫治。你將獲得如何浸泡的實際建議，並讓浸泡聖靈中成為你的生活型態。

　　保羅呼籲所有信徒不住禱告，你曾覺得辦不到，直到你了解原來可以一邊做事一邊禱告，我們在非洲莫三比克的生活與事奉就是這樣，我們希望無論做什麼都是從神的同在裡而做的。我們花很多時間禱告、浸泡、敬拜和代求，因為我們想要的是天上的策略，不是全靠自己出力。這樣的生活實際上像什麼樣子呢？

　　每週二我們大約早上十點開同工會，我差不多五點就起床，早晨第一件事就是出去行走禱告，尋求神今日賜下的話語。然後我走去基地的禱告室，就在我家隔壁的地下室，跟我們團隊裡的朋友一起禱告和敬拜。我們常浸泡在祂的同在中，然後再禱告。接著，我們全體前往開同工會的地點，一起敬拜，可能是全體禱告，或者按部門或分小組，看神怎麼帶領。我們為即將出去做外展事奉的同工禱

告，有時他們去的地區有危險性。我們也為任何患病或有難處的人禱告。老實說，等到全部禱告完，開始進入討論事項時，因為我們已經深深地與神相遇，所以沒剩什麼事情需要規劃討論！

我每週一次帶領兒童門徒訓練，也為一些牧師和領袖做門訓。在這兩種小組聚會裡，我們都是以敬拜和禱告開始，然後進入聖經教導和生活的實際應用，最後以彼此代禱結束。在福音外展會議中，我們看著莫三比克地圖禱告，然後決定本週要去何處分享福音。至於大學部分，因許多訪客都想參觀校園，所以我們會為他們導覽。莫三比克同工團隊會帶著訪客，以禱告室為起點，把校園繞一圈，帶大家一起為大學禱告、發預言，然後結束導覽。每一次聖靈都賜下更多異象與印證，令我們大受鼓舞。我們就是用這些方式真正做到不住地禱告，以禱告遮蓋我們每一項事工。

你也可以這樣過日子，不僅刻意撥出時間安靜禱告，浸泡聖靈中，同時也整天不住地禱告，特別是為著你需要做的決定禱告、為你服事的團體禱告，也為你需要完成的任務禱告。神想要參與你生活每一個領域，有了從聖靈來

的智慧，你的工作就容易多了。

　　我們在「彩虹事工」（Iris Global）非常努力工作，熱情地投入賑饑、掘井、蓋教堂、建學校、設大學，還有其他許多事情，但所有這些想法都是從禱告孕育出來，也在禱告中執行實現。我們深深地愛神，並用生命當作愛的祭物獻給祂。親愛的弟兄姊妹，神要與你建立關係。凱洛在這本書中用一部分篇幅談到，我們並非僕人，我們是愛人。以前她跟約翰談戀愛的時候，每天只想做一件事，就是跟他講話，而且講多久都不累。為他泡杯茶是快樂的事，不是在做家事。神並不希望我們為了改變世界而像奴工般地操勞；祂希望我們被充滿而洋溢著祂的愛、喜樂與同在。當我們被充滿，所做的每一件事也就充滿了愛。受我們服事的人真的能看出差別，枯竭抱怨的人講神的慈愛誰想聽呢？白費唇舌罷了。我們要在祂同在中被充滿，然後以祂全能又帶來轉化的愛，去愛世人。

　　對凱洛來說，以禱告使人浸泡，是她個人服事的一大強項。她目睹的大能神蹟就發生在花時間與人浸泡禱告時，尤其是那些在情感或身體上需要得醫治的人。浸泡也使我們更熟悉聖靈在說什麼，幫助我們更清楚如何為別

人禱告而看見他們從轄制中得釋放。在1990年代，浸泡禱告、預言、說方言、大笑、倒下等聖靈的彰顯，都是全新領域，但在今天比較常見了，感謝約翰和凱洛作那波運行的忠心管家，而我們這一群人也成了非常親近的朋友。我們刻意彼此連結、互相支持、對彼此生命說祝福的話，我非常珍惜這樣的友誼。

在那波復興掀起以前，我們都愛神也獻上一生，但我們都未曾如此親密地認識聖靈。外子羅倫（Rolland）和我以宣教士身分到亞洲、英國和莫三比克服事的時候，多倫多祝福尚未發生。當時我們已經是完全奉獻給神的事奉者，我們傳道、禱告、領人信主，以及服事窮人，滿足他們實際生活的需要，照耶穌的教導而行。而約翰和凱洛則是忠心教導、服事、愛神百姓的牧師。他們深深關切神的事，也關切他們的教會和他們住的城市。但我們無一人預料在多倫多會發生那樣的美事，不但超乎我們的想像，而且令我們大吃一驚。聖潔的神全權地把祂的靈澆灌下來，使祂的百姓感知祂的聖靈運行，我們就在那段時節一起學習和成長。來自世界各地許許多多的人都在多倫多遇見神而被徹底改變。

　　羅倫和我都是在那裡經歷完全的更新，包括生命和事奉上。當然，首先必須改變的是我們的心——心不改變的話，我們的事奉怎可能改變？你必須先讓神使你由內而外改變更新，然後祂才會以大能的方式使用你。這是我生命的核心信息之一：「所有的果子都是從親密關係中自然流露」，經文根據是約翰福音第十五章。我們自己沒有感覺到被愛的時候，就無法好好去愛人；而除非住在祂裡面，否則無法感覺到愛。對我而言，神使我躺在地上七天七夜起不來，也把我末期的絕症治好了。祂把大能的異象顯給我看，又對我的心說話。羅倫則是一邊跳一邊喜樂地大笑，從一個愛抱怨的男人變成了「老虎」。

　　從那以後，我們的事工逐漸從幾間教會增長為幾千間教會，從辛苦工作變成追求神的同在和喜樂。事情並沒有突然變得容易，但是當你在愛中，任何事你都能做。我們轉變為從神的同在和充滿中服事，這樣的出發點跟日夜操勞、疲憊枯乾的感覺大不相同。我永遠感謝那些與神相遇的聚會，遇見神的聚會領我們進入浸泡的生活型態——在我們需要去完成的每件事上都要有神的同在。現在我們比以前更富有生產力。

與此同時，凱洛和我成了閨密。我非常愛她，我們會固定找彼此禱告。幾年前她和約翰打電話給我，說出強而有力的先知性話語，救了我一命。盟約之友能把他們從神聽到的話語，對我們的生命說出來，這對於憑信心不顧一切跟隨神的我們，實在太重要了。能力就在合一與印證之中，神並未呼召我們獨自活出信心的人生，我們需要彼此。對於約翰與凱洛，我們滿懷感謝，我們最喜歡和他們並肩服事，一起花上數小時浸泡聖靈中，他們為愛而放下的生命，教了我太多功課。

　　我知道你也能從凱洛的生命學到很多事情，她在這本書裡坦誠分享她一路走來的經歷，我鼓勵你將浸泡禱告融入每日生活。如果你能跟你的朋友或小組一起讀這本書並且操練浸泡，那會更好。共讀時不妨先從每一章的「啟動」入手，我跟你保證，在神同在裡的時間絕對不會白費。祂渴望你知道祂有多愛你，祂有多關切你所關心的每一件事，祂好希望你做每一件事都是這愛的自然流露。祂是良善又仁慈的天父。現在就投入本書中，開始你與神的浸泡大冒險吧！

1. 認識神的同在

當我遇見聖靈

神在完全出乎我意料之外的時候，闖入了我的生命，那時我是帶著兩個兒子的單親媽媽，大的四歲，小的兩歲，日子過得很辛苦。我的丈夫拋棄了我們，他是個自我中心又陰晴難測的人，常對我們施加情緒暴力，讓我們母子日子難過。我時常脆弱無助、恐懼又孤單。有一晚我在浴室刷牙，忽然聽到有聲音對我說話。起先我還以為是不是前夫又闖進我屋子，我走出浴室迅速檢

查一圈，連地下室和車庫也進去檢查，但一切安好，並無異狀。我回到浴室，結果再次聽到那聲音。我以為是自己神經衰弱又太過緊張，才會莫名地聽見聲音，於是我把牙刷往水槽一扔，大聲說：「好，我就要來聽！」當我專注聆聽時，才明白那聲音在對我唸詩篇二十三篇——不是在我腦海裡，而是彷彿有一個人就站在房裡說話。二十三篇唸到一半時我恍然大悟，是耶穌在對我說話，霎時間我全明白了，祂愛滿身罪孽的我、活在恐懼和痛苦中的我。我淚如雨下，立刻跑到臥室找到我那本堅信禮的小白聖經，拉開封套的拉鍊，翻到詩篇二十三篇，就是耶穌剛才對我說的話：

> 耶和華是我的牧者，我必不致
> 缺乏。祂使我躺臥在青草地上，領
> 我在可安歇的水邊。祂使我的靈魂

甦醒，為自己的名引導我走義路。（1～3節）

我唸出來的時候，耶穌的豐盛慈愛與喜樂一波又一波地充滿我，那時我對於需要「重生」還懵懂無知，但是那晚我對耶穌說，我願意把生命交給祂。認識耶穌的奇妙歷險從此開始。我的環境沒有改變，但不知為何，草地變得比較綠、天空比較藍，而且從我裡面不斷有難以言喻的喜樂湧上來。當我跪在床邊禱告時，就又再次感到這美好的同在，而且越禱告感覺越強烈。小時候我去的教會是信義會路德宗，我記得牧師講聖父和聖子，但講到聖靈時，聲音就變得很小。靈是鬼魂嗎？還是小女孩的我搞不清楚，靈也有神聖的嗎？那時沒有人教我認識聖靈，也不知道我們可以經歷聖靈。因為我並沒有認識聖靈的範式，所以在那次的信主經歷之後，我還以為我在禱告時經歷的同在就是耶穌。

直到我去參加凱薩琳・庫爾曼（Kathryn Kuhlman）的聚會，這才被領進認識聖靈的堂奧。凱薩琳真是了不起的醫治佈道家，在她口中，聖靈是三一神奇妙的第三位格，很想和我們在一起，「對我來說，祂比任何人類

都還要真實。」[1] 她如是說。雖然她講的我不是完全懂，但我知道我好想好想認識三一神的第三位格，於是展開了我的追尋。我找有關聖靈的書來讀，書上教我關於被聖靈充滿的事，說是只要張口領受，就可以被聖靈充滿。所以我開始每一晚都跪在床前，把嘴張得大大的，可是好像什麼事也沒發生。我繼續祈求和尋求，因為我真的很想認識凱薩琳‧庫爾曼所描述的聖靈。

每次講台呼召受聖靈的洗，我一定上前去，但都無事發生，直到有一個朋友告訴我，有個名叫約翰‧亞諾特（John Arnott）的弟兄即將來史特拉福（Stratford）附近的一間小教會講道，邀請我跟她去。我就去那座小小的白色教堂，講道尾聲時，約翰說：「在場有人一直拚了命在尋求、渴求和祈求受聖靈的洗。」那晚我像路跑者一樣，直衝到講

台前！約翰為我禱告，我就徹底被浸在聖靈裡，從頭到腳被聖靈充滿。我開始說方言，說個不停。我想說英語卻沒辦法，一張口就是方言。聚會結束後返家，我還在說方言，直到眼皮撐不住，睡著了。幾小時後我醒來，一張口卻發現還是沒法說英語，我又繼續說方言幾個小時，然後再度入睡，但睡不到一小時就天亮了，真是不可思議的經驗！神同在的愛、喜樂與平安充滿了我，我真希望就這樣一直下去不要停。那次以後，我持續追求更認識聖靈。我要說，這是一段無比喜悅的旅程。

祂是誰？

我想把三一神的第三位格，奇妙的聖靈，介紹給你。你可能像我一樣，曉得聖父和愛子耶穌，父神和新郎耶穌，但對聖靈比較不熟。

聖靈是一位格，祂是溫柔、饒恕、長久忍耐的，祂被稱為安慰者，祂確實是最奇妙的朋友和同伴。約翰福音十六章讓我們看到，聖靈使我們想起耶穌說過的話，也使世人知罪。祂引導我們進入一切真理；祂是真理的

靈，也是生命的賜予者；祂是我們的教師，祂會幫助你明白聖經，也會在你的禱告生活中引導你。祂想要與你溝通，只要你求問祂：「聖靈，請教我如何禱告。」祂永遠知道禱告要說什麼。

創造天地時聖靈也在，祂運行在水面上。聖經從頭到尾祂都出現，現在祂仍與我們同在。祂在我們四周環繞，祂可以充滿我們，祂以大能臨到我們。在約翰福音十六章，耶穌對祂的門徒說，祂若不回到父那裡去，聖靈就不會來。耶穌告訴我們，聖靈永遠不會離開或撇下我們（參見約翰福音十四章16節）。這話非常真實，我知道無論我生病、疲倦，或因時差而昏沉，無論我心情糟透或心情大好，聖靈並不因我的感覺而改變，祂永遠永遠不會令我希望落空。祂一直都是忠心的朋友和忠實的同伴。

聖靈幫助我們愛耶穌和認識天父。祂

是最奇妙的一位，然而祂也是聖潔、大有能力的！祂的能力使耶穌從死人中復活，祂也賦予我們能力，使我們活出充滿喜樂又有能力的豐盛生命。

如果我們想使神的心歡喜，就必須知道聖靈是有感情的。當我們對別人批評論斷時，當我們驕傲自大時，當我們怨恨苦毒時，當我們說出不討父神喜悅的話時，都會令聖靈憂傷（參見以弗所書四章30節）。求聖靈管住你的思想和心靈吧，免得你淪為批評論斷者。如果我們允許祂對我們的心說話，然後問祂我們是否令祂傷心，這樣的禱告祂必回答。千萬別忘了種與收的法則，耶穌在馬太福音七章說，我們怎樣論斷人，也必照樣被論斷。所以要小心，別落到那種批評論斷他人的地步。

> 如果想使神的心歡喜，就必須知道聖靈是有感情的。

當我們不照神怎樣愛我們去彼此相愛，也會使聖靈傷心。我們蒙召是要饒恕人，當然，饒恕跟信任是兩回事；我們可以饒恕傷害過我們的人，並求神賜給我們愛去愛那人，但這並不表示你必須信任一個曾經深深傷害你的人。

當我們愛耶穌並結出好果子來，聖靈就歡喜。祂的確能使我們越來越像耶穌——滿有仁愛、喜樂、和平、忍耐、恩慈、良善、信實、溫柔和節制（參見加拉太書五章22～23節）。祂住在你裡面使你更加感恩、更有愛心，也更與他人合一。

聖靈想要的是關係

我越認識聖靈就越發現到，當我敬拜耶穌時，聖靈就會靠近。聖靈喜愛榮耀耶穌，也喜愛我們愛耶穌。在約翰福音十六章14節讀到，耶穌榮耀父神，而聖靈榮耀耶穌。你可曾在敬拜時更深經歷聖靈？那是因為祂希望你敬拜耶穌。我們越愛耶穌，聖靈就越強烈地臨到我們。

聖靈想要親近我們，想要跟我們有很深入的關係。耶穌說真理的聖靈：「乃世人不能接受的；因為不見祂，也不認識祂。

你們卻認識祂，因祂常與你們同在，也要在你們裡面。」（約翰福音十四章17節）這不是五分鐘熱度。情侶在約會或熱戀時，眼中只有對方。他們花很多時間在一起，想要更認識對方，希望彼此感情越來越好。聖靈也想要這樣跟你培養感情，祂與你同在又在你裡面，祂希望你更親近祂、更認識祂。而要培養深厚的感情是需要時間的，需要一起度過順境和逆境。祂將要求你做一些事情，而當你選擇順服去做，就是在跟祂建立關係的同時，學習更加倚靠祂。這是非常奇妙的歷險，一旦你開始認識而且愛上這位榮美的神，並倚靠祂作你的力量，在你禱告和讀經時也求祂引領，你將煥然一新，人們會看見耶穌在你裡面。

你可曾在敬拜時更深經歷聖靈？那是因為祂希望你敬拜耶穌。我們越愛耶穌，聖靈就越強烈地臨到我們。

柯恩德（R.T. Kendall）說聖靈像鴿子一樣敏感而易受傷害，[2] 想像聖靈如白鴿停在你肩上。比爾‧強生（Bill Johnson）也講聖靈像鴿子停在你肩膀，[3] 如果真的有隻鴿子停在你肩膀上，而你不想讓牠飛走，請問你的動作會怎樣？你會對自己每一個動作、說的每一句話都

很警覺。在這末後的日子，聖靈想要在大能中臨到祂能信任的人，就是夠敏銳而能覺察祂臨在的人。我想要作個聖靈會停留在我身上的神兒女，我想要祂充滿我，使我生命被徹底浸透。你想嗎？

經歷是件好事

這麼多年來常有人對我說：「妳認為經歷就是一切嗎？」其實這些人是想說，我們不應該追求聖靈的經歷。他們的意思是，跟神的關係建立在經驗上是件壞事。這些人害怕的多半是，如果被鼓勵去經歷神，就會輕看神的話語和聖經教導的生活方式。外子約翰和我從來沒有說經歷就是一切，也從未說過只要經歷神就好。事實是，我們有多麼需要神的話語，就有多麼需要聖靈。也有許多信徒認為自從使徒行傳結束之後，聖靈就停止運行和工作了，

那絕非真理！

聖經裡有歷史、有預言、有律法、有詩歌也有教導，這些全都出自聖經主要人物的親身經歷。同樣的，你的生命也需要結合經歷聖靈，以及在神的話語裡蒙引導，而只有花時間與神同在，才會有那種生命。聖經說：「神就是愛。」（約翰

> 聖經裡有歷史、有預言、有律法、有詩歌也有教導，這些全都出自聖經主要人物的親身經歷。

一書四章8節）愛是親密的、親身經歷的事情。耶穌也說過：「你要盡心、盡性、盡力、盡意愛主——你的神。」（路加福音十章27節）愛神的方式首先就是用我們的全心、全情、全力、全意愛祂，聽起來一點不像是被動消極——用我們裡面所有的一切來愛神，肯定是既充滿感情、又有豐富經驗的！

在馬可福音一章8節，施洗者約翰說：「我是用水給你們施洗，祂卻要用聖靈給你們施洗。」我們可以藉由在祂裡面領洗，並且被祂的同在充滿而更認識聖靈。當你祈求更多被聖靈充滿，祂必聽見而回應你所求。

好友海蒂・貝克（Heidi Baker）1997年來到我們教

會時，是個身心俱疲的宣教士。她本是律己甚嚴的系統神學家，但是一般人不知道的是，她小時候有嚴重的閱讀障礙，無法分清楚字型，常因讀得很慢或無法理解而被嘲笑是弱智，那是既痛苦又屈辱的經歷。十三歲那年她經歷醫治神蹟，失讀症不見了！長大成人後她特別努力用功，取得一個又一個學位。當她走進我們教會看到有人在聖靈運行下倒地、有人做出可笑的動作，她覺得太尷尬了，一點都不想參與。但是神另有計畫。聖靈在她身上大大工作，她倒在地上，整整一個禮拜幾乎黏在地板上，站不起來，就像海星，四肢著地無法站立。那一星期裡，神在她生命中大大動工，祂垂聽她身心俱疲的嘆息，又賜下關於莫三比克這個國家的異象。她的經歷使她開始與聖靈戀愛。

如今，海蒂和丈夫羅倫領導著「彩虹事工」（Iris Ministries）辦學校、做福音

外展、設孤兒之家、建立教會，服事範圍遍及全世界。若沒有那樣戲劇化地經歷神更新她的心靈與生命，加上建立以神為中心的關係和生活型態，她怎麼可能憑己力做那麼多事。

被聖靈充滿後，在這位屬神的女人身上發生多麼不可思議的事啊！祂想要與你有這種關係，你願意嗎？祂正在找願意花時間與祂在一起的人。當海蒂來到我們的聚會時，一點都不想讓自己變得可笑、不想讓自己尷尬，從她的童年經驗可略知原因。但是神在這方面醫治了她，並且問：「妳願不願意讓我做我想做的事？」她對神說：「我願意」，可並不知道會發生什麼事。

曼寧姐·費雪（Melinda Fish）說：「聖靈沒有濃度劑量。」我們越花時間待在祂面前、經歷祂，就越被祂充滿，你所花的時間絕不白費。若沒有先從祂那裡領受，哪有可以給出去的呢？

常見的誤解

我為人禱告求聖靈充滿，次數多到數不清！根據多

年的經驗，我整理出關於經歷神同在的一些常見的誤解。

我感覺不到祂

當我在聚會中為某人禱告時，他們常以為身體會感到某種強烈的彰顯，因為他們看著周圍人的各種反應，就會想：「咦？我什麼感覺也沒有，一定是因為我沒有被充滿。」無論你有沒有感覺到什麼，神都可以在你裡面運行，但情形多半是，其實神以細微的方式在他們裡面動工，只是他們沒有調整頻道接收。

如果這是你的經歷，那麼請務必學習讓自己安靜下來，調整頻道對準聖靈正在做的事。可能原本我們的頻道僅限於心智活動，以致感覺不到身體裡的變化。我們需要學習對準聖靈的奇妙平安而調整，我常問人：「你有感覺平安臨到你嗎？」他們會說：「喔有啊，我有平安。」我總是

鼓勵他們迎接那感覺，因為他們
正在感覺聖靈。他們可能以為平
安的感覺沒什麼大不了，但不是
那樣喔，經歷到祂的平安就是祂

同在的一種奇妙彰顯，因耶穌是和平之君。

以前當聖靈運行時，外子約翰從來沒有任何感覺，
但是我教他對準聖靈臨到的方式，我經常為他禱告，每
天兩次或三次，也鼓勵他讓心思意念靜下來，對準聖靈
的頻道。當我為他禱告的時候，會感覺到聖靈流入他裡
面，但接著卻感覺像水又回流那樣，我彷彿看到水管因
水回流而彎曲凸起，很奇怪，我就問他：「你剛才去哪
兒啦？」他問：「什麼意思？」我說：「你的心思跑到
別的地方去了，因為我感覺到聖靈又回流到我這裡。」
原來他分心，想到別的事，沒有專心仰望耶穌，也沒有
專注於領受。

從此約翰就開始相信我真的能感受到聖靈流向他，
這有助於他放輕鬆，汲飲於神的同在。現在他會感到聖
靈臨到他的雙手，尤其是在敬拜時。他比以前更懂得調
整身體和內心感受對準聖靈了。

當我為人禱告時，也會問他們是否感覺有一點重量壓在手上，或是手麻麻刺刺的？有時候他們會覺得有一股重量降在他們頭上，但那可能非常輕微，以致如果不細心覺察就會錯過。但每一次你有感覺，就要求聖靈賜下更多，那感覺就會加強。你要尊榮每一個經歷聖靈的微小方式，這樣祂必喜悅更多的將自己顯給你看。

我覺得害怕

對於從聖靈領受，許多人有一種恐懼，尤其是曾經受虐的人——把你自己向聖靈敞開等於是暴露脆弱的一面，是會很害怕的。我可以分辨被我禱告的那人，是否害怕在聖靈大能之下倒地。當然了，我不會施壓使任何人倒下或躺下的，但是我發現長時間站著等待領受是滿累的，所以我常鼓勵這些心裡有點害怕的人，如果不想倒地的話，就坐下來。重點是，要讓自

己安靜下來，停止煩亂，集中心思單單愛祂，並從祂那裡領受。

我要保持掌控

或許是出於恐懼，或有其他負面的人生經歷，許多人想要保持掌控，並不想讓聖靈隨己意而行。當我為這樣的人禱告時，他們可能會一直說方言，試圖使事情發生，所以我會請他們不要用方言禱告，保持安靜，做幾次深呼吸，吸入那在他們四周環繞的聖靈並領受。我會鼓勵他們稍後可以在聖靈裡禱告，現在就單單感受並領受就好。用方言向神傾心吐意的確很奇妙，但不要在你學習領受祂而融入祂同在的時候使用。用你的母語禱告也一樣，該安靜領受聖靈時就要閉口不言。

當我可以看出某人想要保持掌控，而不在神面前降服時，我會問他們：「你已經邀請聖靈進入你心中，不是嗎？你已經把掌控權交給祂了，所以現在你需要退下。或許你以為聖靈會使你倒在地上，但重點是把自己交出去，順服祂。請你做幾個深呼吸，祂的同在就在這裡。」

他們會說：「祂在這裡嗎？」我會問他們是否感到祂的平安，他們會說：「有！我真的很平安！」我會鼓勵他們吸入祂同在的平安，深深地吸入他們心底。有時候，做了兩三次深呼吸後，他們可能因為害怕自己會倒下去，就決定拿回控制權。所以我總是告訴他們要不斷地降服。聖靈是安全的，儘管放心，而且假如你沒感覺到什麼，也是沒問題的，你只要說：「聖靈，我來是要愛耶穌，請幫助我愛祂。」

我們蒙召是要與祂同住

我很喜歡約翰福音十五章1至8節這段經文：

> 我是真葡萄樹，我父是栽培的人。凡屬我不結果子的枝子，祂

就剪去；凡結果子的，祂就修理乾淨，使枝子結果子更多。現在你們因我講給你們的道，已經乾淨了。你們要常在我裡面，我也常在你們裡面。枝子若不常在葡萄樹上，自己就不能結果子；你們若不常在我裡面，也是這樣。

我是葡萄樹，你們是枝子。常在我裡面的，我也常在他裡面，這人就多結果子；因為離了我，你們就不能做什麼。人若不常在我裡面，就像枝子丟在外面枯乾，人拾起來，扔在火裡燒了。你們若常在我裡面，我的話也常在你們裡面，凡你們所願意的，祈求，就給你們成就。你們多結果子，我父就因此得榮耀，你們也就是我的門徒了。

耶穌告訴我們要住在祂裡面，這可不是建議，而是命令。我們都想要活出多結果子的靈命，但是首先必須花時間來到耶穌面前。許多信徒直接跳到這段經文的最後「你們多結果子，

> 耶穌告訴我們要住在祂裡面，這可不是建議，而是命令。

我父就因此得榮耀」，但他們忘了還有前面的部分——必須先住在祂裡面，然後才會多結果子；常在祂裡面，我們才會被膏抹、被充滿，進而能夠去做耶穌呼召我們做的事。

同住的意思是停留、等候、保持，**是持續不斷的事情，不是一時之間**。人生教我一件事，住在神裡面必徹底改變你跟你的救主、也是你的新郎和君王的關係，你會被賦予能力，以大能的神蹟奇事將天國帶到地上。

想想看！全能的神，全宇宙的主想要愛你。當你凝視神創造的天地萬物何等美麗時，當你看到聖經裡不可思議的細節時，你領悟到原來這位神何等有智慧、有大能，又何等奇妙。這樣的一位神想要花時間跟我們在一起，祂想要愛我們並且與我們同住，簡直太奇妙、太美好了呢！

✧ 啟動 ✧

　　我真的相信禱告事奉的大能。多年來外子與我目睹一件事，就是在教會聽完道之後，肯花時間領受禱告的人，比聽完信息就轉身去忙自己事情的人，領受得更多。我想，同樣的道理也應用在讀書上，你要給自己一個機會讓這信息從你的腦子進到你的心裡。這就是為什麼在每一章最後，我都要放上一段「啟動」，裡頭有些問題是要問你自己，有些是要在禱告和屬靈日誌中問神的，還有一些是實際的運用與祈禱。請不要讀了一章以後，就去忙你自己的事，請你花點時間讓神對你說話，使你改變更新。

　　是否覺得你跟神的關係裡較多與聖父、或聖子、或聖靈互動？請花點時間好好想一想，並且求問神，你是不是沒察覺到三一神的美好的第三位格？

　　再次邀請祂在你生命中運行動工。你想要被聖靈充滿嗎？想要跟祂有深厚的關係嗎？想住在祂裡面嗎？只要向神求：「父神，我想要浸泡在那美好的同在裡。求祢幫助我認識聖靈美好的位格。」今天就花點時間等候

祂，住在祂裡面吧！

你在什麼地方有恐懼或是掌控，以致阻礙你無法經歷聖靈？今天就為那些決定而悔改認罪，告訴祂：

> 神啊，我想要感覺祢、經歷祢。求祢教導我、扶持我，使我深刻感受和經歷祢的同在。我歡迎祢在我生命中運行。

2. 浸泡是關於關係

花時間住在神裡面

我們都很忙，人生似乎一次把百萬件事情丟給我們，叫我們忙個沒完，很容易為了把事情做好以致疲憊困倦、油盡燈枯。對此，浸泡是一劑解藥，是給你一個機會住在神裡面。當我浸泡，是帶自己來到神面前，住進祂裡面。**浸泡是刻意騰出空間來跟神在一起並領受祂。**不管你的生活有多忙碌，不管你遭遇何事，浸泡聖靈中絕對不是浪費時間。

生命的圓

耶穌告訴我們，誡命的第一條是全心愛神並愛別人如同自己（參見馬太福音二十二章37～39節）。愛的領域有三——愛神、愛你自己、愛其他人，就像一個轉動的圓，起先我們只是來到祂面前讓耶穌將愛傾注於我們，我們被愛充滿，然後學著像祂愛我們那樣去愛別人。愛別人就是把愛回報給祂。但接著，我們明白失喪者真的是失喪了，於是開始把注意力轉向去愛失喪人、招聚他們來。祂的愛已經轉化了我們的心靈，使我們負擔起責任，要讓周圍的人也經歷在祂裡面的自由。愛的重心不斷從這一個移動到另一個，並非固定在一處。就像轉動的圓圈，從我到祂到他們，循環不息。

我們需要被神的愛與同在充滿，才能夠愛祂和愛別人，整個人生的意義和目的

就在此。如果你沒有被充滿，就沒有任何東西可以給出去，而如果你給不出任何東西，也是不健康的，你會像一灘死水。我們裡面必須有愛不斷湧流。

如果我們疲乏困倦或油盡燈枯，就沒辦法做我們蒙召去做的第一件事，就是愛上帝。因此我們需要花時間愛祂並與祂連結，理想的情形是，這三件事要同時發生——將我們的愛傾倒給神，為自己領受祂的愛，並將愛給別人。我認為我們總是在設法找到平衡點，在某些時節，你把焦點更多擺在愛上帝，有時則來到祂要醫治你的時節，你就把焦點擺在學習愛自己，還有些時節重點是付出愛。

浸泡幫助我們在愛上帝、愛別人和愛自己之間保持平衡。以下我將分成三方面來談，你會看到很多地方是重疊的，因為它們的關聯性很強。

> 如果我們疲乏困倦或油盡燈枯，就沒辦法做我們蒙召去做的第一件事，就是愛上帝。

撥出時間給祂

浸泡是帶自己來到神面前，單單與祂親密地同在。神就是愛，祂希望我們愛祂也愛別人。代求與祈禱都很重要、也很有價值，但你總要撥出時間經歷祂對你的愛，並將你的愛獻給祂，不帶任何期待、不是別有目的。我開始浸泡時總是從愛慕祂開始，我花時間對祂說我有多愛祂，傾倒我的敬拜在祂腳前。

這就像花時間跟你的救主談戀愛，聆聽祂的安靜微聲，並讓自己浸透在聖靈的美好同在之中。談戀愛需要花時間，不能在匆忙中完成。一對戀人花很多時間聊天，沒有別的目的，只為了想更認識對方、更了解彼此的心意。我跟約翰還在約會的時候，我只想花時間跟他在一起，面對面說話。我知道他不想聽我講一大堆有的沒的：「親愛的，我知道你希望這段時

間跟我在一起，但是我想要跟你講其他的事情，關於我阿姨、我朋友、我的購物清單……。」這叫連結嗎？當然不是。當我們花時間在一起時，我想知道他的心意，想知道他過得好不好。

耶穌也是這樣，當你來浸泡在祂面前，可別像拿著購物清單，帶著你的需求清單而來。相反，你來是要對祂說你愛祂，你想要跟祂更深入。祂的心也渴望愛你、與你深談。當你花時間進入祂同在裡，將會看到祂是多麼真實，你會看到祂想要與你有美好的關係，親密關係是祂的心意。耶穌已經為你付出最高的代價，好讓你可以來親近祂。

> 耶穌已經為你付出最高的代價，好讓你可以來親近祂。

當我們傾倒愛給祂的時候，就被祂的愛充滿，然後開始以愛回報耶穌，領受祂的愛幫助我們更加愛祂。每一次的浸泡都不盡相同。有時祂那無條件的愛和接納漫溢你全身，有時祂會醫治你生命的一處傷口，有時你會感覺神同在的重量之大，甚至使你動彈不得。這些都非常寶貴，都值得我們付出時間。

如果作為教會的我們現在不學習親近祂，將來到天

上作祂新婦時，會是什麼景況？我想，到時尷尬是免不了的！我想我們會後悔還在地上時，沒有好好擁抱與祂的親密關係。

為我自己領受

當我們將愛傾倒給祂時，就為自己領受祂的愛，這愛使我們改變更新。天父的愛醫治我們的傷口和過往的傷痛。許多人從小到大一直以為神是高高在上、遙不可及、批判又易動怒，但是，隨著我們漸漸認識祂，對祂是誰和祂怎樣愛我們，就有了不一樣的觀念。我們認識到，祂是恩慈、溫柔、慈愛又良善的神。你可曾看著鏡子裡的人，說：「耶穌非常愛我，我值得祂的愛，我的天父爸爸愛我。」頭一次你可能不敢看著鏡中自己的眼睛，真心相信地那樣說，真理止步於你的頭腦，沒有進到你心靈。但是當你浸泡，祂愛的真理

就會從頭腦沉入你裡面的人。

多年前，家父去世不久時，我窩在家裡的沙發上為自己感到難過，我呼求：「神啊，我真的

> 當你浸泡，祂愛的真理就會從頭腦沉入你裡面的人。

需要一位父親！」然後我靜坐不動，但是並沒有感覺到任何事情發生。過了一個禮拜，約翰與我在我們多倫多 Catch The Fire 事奉學校並肩服事，我決定那天早堂聚會結束後，躺下來好好浸泡。

約在那段期間，我讀到但以理書七章9至14節，講到亙古常在者，即天父，坐在寶座上，而人子，即耶穌，在祂面前得榮耀。我在浸泡時，得到異常清晰的異象。異象中，耶穌出現在我眼前。祂的眼睛閃爍光芒，祂邀請我與祂共舞。我們旋轉又旋轉，速度之快讓我看不清周圍的事物，漸舞漸慢後我才發現地板好亮，我以為我們快掉下去了！起先我搞不清楚是在哪裡，後來才明白原來是在天上的玻璃海。我看到神的寶座在不遠之處，就像我在但以理書所讀到的那樣，有火焰，我看到翡翠彩虹，有一位從寶座下來走向我們，但是因為我在跳舞，一迴旋剛好沒看見那是誰。這時，突然有一大手

按在耶穌肩膀上，是父神站在那裡，說：「耶穌，我可以跟我的女兒跳舞嗎？」我頓時感動不已，淚如泉湧。令我深深感動的是，天父竟停下祂正在做的事，想要跟祂的女兒跳舞！我的心完全地、深深地被祂吸引。

天父真的愛我、真的關心我，祂也想跟我在一起，這些我都聽人說過，但所謂一圖勝千言，我領悟到，天上的阿爸父真的愛我，也想跟我在一起。小時候我對父神的理解是有點令人害怕的，必須服從祂免得被懲罰。所以，成年後我仍帶著這個理解，每次讀舊約時只看到神的懲罰和怒氣，我完全沒有用愛的眼光去看見神的愛。而那個異象改寫了我心中的真理，原來神是想要與祂的子民建立關係的天父。這經驗尤其深深醫治了仍處於父喪哀悼中的我。

要留時間給神來醫治你的傷口，這太

重要了。我奉勸你，將醫治你的心視為優先順序的第一，使內在醫治成為生活型態。大衛王在詩篇一百三十九篇23至24節說：「神啊，求祢鑑察我，知道我的心思，試煉我，知道我的意念，看在我裡面有什麼惡行沒有，引導我走永生的道路。」我們必須經常反覆這過程，必須讓神來鑑察我們的心，看有什麼不肯饒恕、怨恨、驕傲和痛苦沒有，切莫放任不理。如果你想要人生昌盛，把污鬼趕出去，使死人復活，要做你知耶穌已召你去做的一切美好的事，而你裡面有問題卻不處理，你將窒礙難行。你必須選擇饒恕人，這樣魔鬼才不會趁機取得進入你生命的合法權利，使你從恩典中墜落，令耶穌蒙羞。有句話說：「受傷之人傷害別人。（Hurt people hurt people.）」因此，務必讓神來處理你自己的問題，以打破傷害與痛苦的循環。

　　我曾用人生的許多時節處理母女關係對我造成的傷害，並饒恕母親。有一度我挫折到不行，我問神：「為何祢不乾脆一點釋放我，讓我擺脫我母親的問題呢？我知道祢能夠。」祂指示我：假如祂瞬間成就這事，我會變得驕傲。人很容易變得自高自大，對於在自身問題中

掙扎的他人，無半點憐憫之心。神以我們能應付得來的方式醫治我們，那確實需要一些時間，但絕對值得。祂使我們時常倚靠祂，有時跛足而行，好讓我們永遠仰賴祂供應我們所需。

當你浸泡聖靈中，有時祂會以祂的愛充滿你，你也以一顆愛神的心回應祂。過一段時間，祂會來醫治你深處的傷，又過一段時間，祂會賜能力給你完成祂的託付。當你明白神絕對是愛你的，你的生命會徹底改變。

> 當你明白神絕對是愛你的，你的生命會徹底改變。

自1994年聖靈大大運行以來，我們親身經歷了祂的慈愛、喜樂與臨在。我相信祂的下一波運行將是聖潔的浪潮，我們若要靈命表裡一致，必須天天處理自己裡面的「東西」。聖靈是仁慈的傳信者，此時此刻祂還在給我們機會做聰明的抉擇——

選擇饒恕並轉離有罪的生活方式。我勸你現在就讓耶穌「深入挖掘你心田」，讓祂引領你走進成聖的過程而改變更新。每一天都要選擇內在醫治。

約翰和我有個英國朋友名叫泰瑞（Terry），只要他一走進屋裡，你就會聞到很濃的英國玫瑰香味。有次他把一段先知性話語寫下來，連他寫字的那張紙也有同樣的香氣！我必須用密封拉鍊袋保存那張紙，因為上面有超自然的膏油覆蓋。那段先知性的話語是這樣的：「我的靈的下一波運行將自親密關係孕育而生，而這親密關係惟在你與我合為一的隱密處尋見。從這親密關係中，將釋放出生命、能力與火，好叫你看見，並感受到我的榮耀將開始遮蓋全地。你必須尋見這地方、這隱密處、這份與我的關係。」泰瑞無論去哪裡，都帶著那股玫瑰香氣。自從他離世與主同在之後，我發現，我收藏的先知性話語雖仍滿有恩膏，但那張紙上已聞不到香氣。

泰瑞身上帶的香氣，代表他與天父之間有美好的親密關係，不但吸引我，我知道也吸引許多人更愛耶穌。在我們每一個人生命中，都需要有這親密關係的馨香之氣，可能不會是用鼻子聞得出來的，但是，你與主之間

的親密關係必定散發滲透，而使祝福也臨到你周圍的人。

充滿是為了傾倒

如果沒有被神的同在充滿，你對別人的愛和服事可能會很吃力，或變成掌控、操縱。當神的同在充滿你以致滿溢出來，當你由內而外被改變更新，你就更有能力去愛你周圍的人。我想要被祂的愛大大充滿，好叫我無論遇見誰都能流露祂的愛。

當你花時間在祂面前，你會得著祂的心意，真正看見失喪者的失喪。你對事情的看法會改變，你會突然發現自己在超商裡與某人交談，因你注意到那人走路一拐一拐的。或是因為你感到聖靈催促你上前問他家人是否安好，你會在當下

> 當你花時間來到祂面前，你會得著祂的心意，真正看見失喪者的失喪。

就有機會為那人禱告。或者，當你浸泡時，聖靈會把某人放在你心上，其實你已有很長一段時間忘了那人，可現在你卻不斷地想起。這時你要把他們的名字寫下來，打電話過去。我碰到的情形是，當我打電話過去才知道那人的家人住院了，或是那人遭逢重大難關。聖靈知道每個人的遭遇，祂把一些人放在你心上，是要你愛他們、為他們禱告。

調整你的頻道對準祂，其他一切都將從此親密關係之處自然湧流，並不是像僕人對主人說：「請吩咐，我一定照辦。」那樣拚了命做，只因僕人知道如果不服從就會受罰。相反，你做工的出發點是，你真的好愛好愛祂，所以無論祂吩咐你做什麼你都願意去做。你為祂工作只有一個焦點，就是討你所愛的上帝歡喜。

耶穌教導門徒關於與天父的關係

耶穌完完全全地愛著天父，每次跟門徒談話，總是講到天父。門徒也不斷提問：關於該做什麼、如何過在世的日子、如何禱告、如何愛上帝。在馬太福音六章，

耶穌教導他們「主禱文」，教他們如何與天父談話。祈禱一開始是：「我們在天上的父，願人都尊祢的名為聖，願祢的國降臨，願祢的旨意行在地上，如同行在天上。」（9～10節）用的是祈使語氣。而「願祢的國降臨」，與其說是請求，不如說是一個命令或宣告。耶穌教導門徒，禱告是贊同父神的意思，是互動的關係，也就是聽見父神想要如何，就用禱告說出來。父神要我們用耶穌指示門徒的方式來禱告，我們可以像孩子來到父親面前一樣，坦然無懼地來到祂面前，按祂想要的祈求，用宣告的方式，回傳給祂。

耶穌也讓門徒看見，當把事情搞砸時，他們與父神的關係會是什麼樣子。彼得曾經三次否認耶穌，他八成心想：「這次我真的搞砸了，應該是無法彌補了，我只能回去捕魚，重操舊業了。」耶穌復活以後，來到彼得身邊，一起吃魚，然後三

次任命他。祂恢復彼得的盼望，讓他看到信任與愛。耶穌只做祂看到父神在做的事，只說祂聽到父神在說的話。耶穌與門徒的每一次相處，都清楚呈現出父神想

要怎樣和他們在一起，對我們也是一樣。每次我們搞砸，天父都願意恢復我們，就像耶穌恢復彼得一樣。

健康的關係是什麼樣子？

浸泡的時候，我們是在花時間與神建立親密的關係。與神的關係是健康的話，我們就會時常倚靠祂。在與神同行的路上，我們需要敞開心接受祂的糾正，要時常問祂：「我是不是有哪裡需要調整？我裡面是不是有什麼需要處理或對付？」務必站在「我尚未達到完全」這邊，免得我們驕傲，自以為很能幹，就想獨立而不倚靠祂了。

在這同行的路上，神會導正我們的路徑。或許祂會告訴你，是時候更深入內在醫治，或饒恕某人。我有過

把焦點專注於耶穌，或者專注於聖靈的時候，也有過刻意花時間跪在父神腳前親近祂的時候。不久前我領悟到，我需要用一段時節待在父神家中，花時間好好跟我的天父阿爸在一起，提醒自己祂有多偉大、多美好，並且祂有多愛我，祂的愛對我何等真實。我知道我需要更深入認識天父阿爸的大愛。耶穌曾對祂的門徒說：「人看見了我，就是看見了父」（約翰福音十四章9節）。在你愛耶穌並與祂建立親密關係的時候，祂就領你更深地進入父神面前。

✧ 啟動 ✧

你的靈修時間以什麼為焦點？是否多半是為了你自己？還是以被聖靈充滿為焦點，好叫你能將被充滿的生命傾倒於他人？最近你可曾花時間來到神面前單單愛祂？單單為了祂的緣故？今天就對祂說：

> 耶穌，我只想告訴祢：我愛祢。主啊，我希望跟祢的關係更深入。我為每一件事感謝祢，耶穌！為我的呼吸感謝祢，為我住的房子感謝祢，為我的家人感謝祢。主，我真愛祢，我只想花時間跟祢在一起。

接著求問祂：

> 祢對我們的關係有什麼想法？我要怎樣才能更深入？

請讀約翰福音二十一章，想像自己是彼得，在耶穌臨死前否認耶穌，事後是多麼的羞愧。接著，再想像當耶穌與他重建信任關係時，他感受的愛有多大。當你搞砸的時候，天父也想要讓你感到這樣大的愛和憐憫。今天求神將這愛顯明在你心中。

3. 浸泡的影響

從害羞到倚靠聖靈放膽無懼

我曾經是害羞得不得了的人，很沒安全感，只想躲在最後一排，遠離眾人目光焦點。即使到現在，我也知道，若不是因為聖靈，我仍會是那個侷促不安又怯懦膽小的人。

剛嫁給約翰時，他自己開一家旅行社，但是以前他曾經受過事奉的訓練。婚後我們去了一趟印尼短宣，被那些人的愛心感動到不行，那時我們就明白一件事，我

們沒辦法為個人的事業獻上一生。我們決定在我的家鄉史特拉福（Stratford）開拓教會。以前我常問他：「約翰，我能做什麼？」我不認為我有任何能力或才幹，我沒上過聖經學校，我不敢站在群眾面前講話，就連傳統師母的必備技能——彈鋼琴，我也不會！我自認什麼都不能做。約翰只回答我一句：「親愛的，但是妳能夠去愛啊！」我以為那不值一提，愛是人人都會的吧，有什麼了不起？但那是神已經賜給我、我卻沒看見或沒感謝領受的恩賜，我只想隱藏自己。但是約翰一直鼓勵我，說我具備一種能力，我能愛那不可愛的人，那是從神來的恩賜。

每年母親節主日，約翰都會排我證道，這一年一次的機會，我卻要花六個月才能確定要講什麼。我用幾個月時間從聖經中找到講道內容，卻在前一晚擔心到無法成眠，真是糟透了！到了主日崇拜當

天，我會不停冒汗，因為在眾人面前講話讓我很緊張。

馬克·杜龐（Marc Dupont）初次來我們在史特拉福的教會時，發出先知性的話語，說我將會向數百名牧者領袖講道，向數千人傳道。我一聽就大笑，對他說：「你是哪種先知呀！你在跟我開玩笑，不是認真的吧！」但神自有辦法。不久，復興開始，我開始學習在眾人面前講道和禱告。我開始浸泡和遇見聖靈，我發現祂離我很近，也在祂的愛中確定祂是喜悅我的，就這樣，信心被一點一滴建立起來。然後我開始有機會到世界各地教導並為人禱告，有時台下有數千人之多。馬克的先知性話語是正確的。（順帶一提，後來我有向他道歉。）

現在我講起從前這些事，別人聽了就笑笑，因為他們眼中的我並不是內向害羞的人。其實是聖靈使我變強的，不是我，是祂。當聖靈在我們生命裡工作，就帶來轉變、大大更新。我透過浸泡在祂同在裡，讓自己浸透，而漸漸在神裡面建立倚靠和無懼的心，勇敢地追求祂要我做的事。當我

聖靈使我變強。

明白神真的愛我，我整個生命就改變了。當我學習傾倒我的愛給祂，並浸泡在祂同在中，我就領受到對祂慈愛的深刻而持久的認識。

現在每次我上台講道依然不覺得百分百有自信，最近我因在雪地滑了一跤，導致腕關節骨折，一邊的肩膀和手臂的肌腱也受了傷。雖然照預定在一場特會上講道，但因為還很痛，無法像往常活動自如，也不像正常情況下感覺自在，我只得退一步，說：「神啊，我沒辦法做，但是祢能。」這禱告使我的心定位在知道祂與我同在，我每時每刻都要順服祂，這成為我固定的操練。我會向祂說：「主啊，我在這裡，請透過我說話。」當我感到祂的同在臨到時，我就知道祂在我身旁，我可以有自信地為人禱告服事。

話雖如此，有時候，無論我們是否感覺到祂的同在，神仍召我們去做某件事。

我們必須憑信心，不憑感覺，這是我在身體極度不適的時候非得要去學習的。我曾有三年感覺不到祂的同在，這對我來說是很可怕的事。神教導我，即使我感覺不到祂，即使我沒有親身經歷來支持祂永遠與我同在的真理，即使在這些情況下，祂仍是信實的。

浸泡使我們改變

　　講到浸泡，我喜歡用海綿先生當例子，我有一塊海綿，上面的圖案是一張悲傷、厭世的臉，海綿先生乾燥的時候硬邦邦的，不是快樂的海綿。我會端一碗水放在講台，證道時把海綿先生放在碗裡。當我把它取出時，登登！通常會引來一陣笑聲，海綿先生從水裡出來，溼答答的，臉上卻是大大的微笑。這是一個簡單又有趣的例子，說明浸泡為我們的生命帶來改變，那畫面大家一見難忘！

　　我親眼目睹浸泡使很多人改變更新。海蒂·貝克跟我說過很多次，如果沒有持續浸泡的生命，她根本做不到所做的事。這些被我稱為「超級浸泡者」的朋友，真

的在神面前投入很多時間，而海蒂是名單上的第一位。

多倫多Catch The Fire教會主任牧師史提‧隆恩（Steve Long）曾是一個不容易感到神同在的人。復興剛開始的那些日子，我們常說他像一棵橡樹，因為他動也不動，沒有感覺到什麼。後來他決定每晚花十到十五分鐘浸泡，就躺在他床邊的地上，因為他不希望自己睡著，所以不躺在床上，他會邊聽敬拜音樂邊領受。幾個月後，有一位來自渥太華的牧師在教導浸泡時用海綿先生作實例，證道結束時他請一名志願者上來幫忙舉著碗。於是史提跳上講台，負責舉著碗。正當牧師把溼淋淋的海綿從碗裡拿出來擰乾時，史提突然向後倒下去，手裡還拿著碗，一滴水也沒有灑出來。聖靈降在他身上，他的反應很強烈，是以前從未有過的。神尊榮了史提操練浸泡的忠心。史提選擇浸泡是出於順

服，不是憑感覺，但如今，他得以真實地領受而且比以前更多感受聖靈了。浸泡使他經歷神的能力大大提升。

「惟有聽見父說什麼，我才說什麼。」

你想學習經歷神的真實嗎？重點在於學習每一天都活在祂的同在裡。耶穌說過，惟有看見父做什麼，祂才做什麼，惟有聽見父說什麼，祂才說什麼（參見約翰福音五章19節）。我想把這點牢牢記住，永遠不忘記做這個禱告，雖然我還遠遠達不到只做天父所做、只說天父所說的境界，但是，你能想像如果所有的信徒都效法耶穌，會是何等情景？會發生什麼事？盲人得看見、聾人得聽見，我們也會看見人擺脫疾病困苦立即得釋放，多麼不可思議啊！我們將在這裡、那裡、在各處帶領人進入與耶穌的關係中，我想要那樣與父神連結、與父神親近。

> 如果所有信徒都效法耶穌，那會是何等情景，你能想像嗎？

培養親密關係

浸泡使靈與魂向著與神的愛戀和親密關係敞開，讓神愛你，而你也愛祂，就像一對戀人花越來越多時間在一起，就發現他們的相愛和親密感加深了。以前我的母親常說：「搞什麼啊，妳已經跟約翰講電話講兩小時了，不是昨天才講過話嗎？到底有什麼好講的！」

我回答：「我不知道，我們就是想講話、想跟對方在一起而已。」兩個真心相愛的人就是會想花更多時間在一起。真的不在乎談些什麼，重點是在一起，相伴同行、彼此相愛、互相認識。

你倒不是非得躺在地上浸泡，才能經歷與神親密，與神親密在乎的是隨時與祂相連。我喜歡到戶外，在我的

> 與神親密在乎的是隨時與祂相連。

園子裡與祂相交，就是坐在一起而已，我的心與神的心相連，祂喜愛那相交時光，我也是。祂想要跟我們在一起，無論是重大時刻，或是四下無人的日常時光。

與神的親密關係逐漸培養起來以後，我發現連很小的事祂都關心。我常找不到眼鏡，我把眼鏡拿下，隨手一擱，然後，等我需要戴眼鏡讀小字的時候，卻遍尋不著，這時我說：「天父，我把眼鏡擺哪兒啦？」祂就立刻告訴我。我實在太感動了，全宇宙的主有那麼多事要關心，何必提醒我眼鏡放在哪裡，祂卻仍關心這些日常小事。浸泡使我建立起這種甜蜜的日常關係。

學習聽見神

關於聆聽神的聲音，我喜歡馬克‧尉克勒（Mark Virkler）的教導。[1] 在我們教會成立初期，神就清楚地告訴約翰說，要把一些重要的價值當作我們的事奉核心，其中包括教導如何聽見神的聲音。我們與馬克‧尉克勒結識，他曾花一整年從聖經尋找聽見神說話的明確指引，最後從哈巴谷書二章1至2節找到四個簡單的關鍵。

當一個人學會聽見神對他們說話，他們跟神的關係就完全改變了；變成活潑又主動的關係。

很多人聽見魔鬼大聲又清楚地說話，也能清清楚楚聽見自己的想法，卻不知如何聆聽神那安靜微小的聲音，除非有人來教我們聆聽。尉克勒教導說，**第一個關鍵就是讓自己安靜下來**。浸泡使我們安靜下來，讓自己尋見神的溫柔微聲。當然了，祂也能大聲說，但是，大多數時候我們經歷神卻是在細語微聲中，而不是在震耳欲聾的聲音裡，就像當年以利亞一樣。生活中充滿了忙亂的雜音，所以使自己安靜下來真的很重要。

尉克勒的**第二個聽見神的關鍵是，定睛於耶穌**。浸泡最重要的就是聚焦於你所愛的神。你的目光要從其他事物移開，轉而定睛在神身上，愛慕祂、與祂相交。**第三，尉克勒教導我們，必須調整頻道接收**

靈光乍現的想法。浸泡幫助你學習透過你的思想和心靈的眼睛聽見神。**最後一點，我們需要把神所說的寫下來、留作紀錄**，這樣

浸泡幫助你學習透過你的思想和心靈的眼睛聽見神。

我們才能依據紀錄，找其他兩個人一起學習聆聽神，並且對自己也對他人負責。

有好些人這樣告訴我：「我在浸泡的時候想到某某，於是我先寫下來，稍後再打電話給他們。」結果對方的確面臨危機，或者真的很需要鼓勵。是神讓他們想到那人的。當我們明白那是神在說話，而且往往是以溫柔微聲，那麼像這樣有小小的念頭出現時，就可以比較懂得特別留意而採取行動。

有次在聚會中，一位弟兄上前來對我說，他在浸泡方面碰到挫折。他已經實施一年多了，但每次躺下來浸泡時，總會聽到神說：「我愛你，我的孩子。」那弟兄問我：「神難道沒有別的話要對我說嗎？」他請我為他禱告。我就請他躺下來浸泡，求問神為何總是說一樣的話，也把他心中的挫折向神傾訴，然後看看神會說什麼。就這樣，他躺了幾分鐘，再起來找我時，眼中含

淚。神很清楚地對他說：「我會不斷對你說這話，直到你開始相信。」他太感動了，從此大受鼓舞而持續在神的同在裡浸泡。

> 每一次你浸泡時，請花些時間求問神想要對你說什麼，祂絕對不會無話可說。

你需要知道神真的愛你，你心中若還有任何不信神愛你的地方，神想要把那些地方浸透。當我們學習在浸泡中聆聽神，祂的真理就沉入最需要那真理的內心深處。每一次你浸泡的時候，請花些時間求問神想要對你說什麼，祂絕對不會無話可說，就像詩篇一百三十九篇17節說：「神啊，祢的意念向我何等寶貴！其數何等眾多！」

領受醫治

在神同在中休息使我們得醫治。當我們浸泡，神會對我們說話並醫治過去的傷痛。有時祂甚至會在我們內心動工，在我們不知道的時候把傷處給醫好，就像麻醉後動手術一樣。祂是溫柔的醫治者！祂想要處理你內心的種種問題，在焦慮之處賜下平安，在傷痛之處帶給你安慰。我們在多倫多的事奉學校為學生排課時，每週都會排入浸泡的時間。第一次實施後，領袖們注意到學生對於一對一禱告和輔導的需求變得大大不同，因為他們已經先把需要帶到神面前，讓神來服事他們的心靈。

> 在神同在中休息使我們得醫治。

我親眼見過很多例子是，當人們浸泡或領受浸泡禱告時，就領受身體的醫治。第7章收集了一些很奇妙的實例，許多人是透過浸泡，戲劇性地獲得醫治。

異夢、異象和神蹟奇事

你跟耶穌在一起的優質時間增加，神同在的恩膏也會隨之增加。我見過有人拚命努力要達到超自然事奉的境界，殊不知更好的是，在安靜休息之地，讓神來透過你動工。

異夢和異象

我還沒開始浸泡以前從未見過異象，我也相信自己不會做異夢。後來我才明白，神喜愛透過夢對人說話，於是我立刻悔改並求神透過異夢和異象對我說話。

就像尉克勒教導的，我們要讓神透過畫面來對我們說話，神想要使用你心靈的眼睛。聖經從頭到尾都可看到，異夢和異象是神對我們說話的方式裡很重要的部分。我最喜歡舉約瑟當作例子，神在夢中對約瑟說話，他必須學習如何運用這恩

賜。最終他能夠為法老解夢，拯救一整個國家免受饑荒之害。

復興於1994年開始三個禮拜左右，就是在我為不相信自己能看見異象或做異夢而悔改後不久，就發生一次長達四十五分鐘的關於新婦與新郎的公開異象，我就好像看彩色大螢幕那樣，對屬靈實體的認識大大加深，真可謂豁然開朗！從此我完全相信神能賜給我們異象和異夢，那次真的很奇妙。

有時我浸泡時會求問神，是否要向我顯明任何事、是否要帶我去任何地方。祂經常讓我看見一個畫面，我與耶穌一起走在美麗的河畔，岸邊有一棵大橡樹，湛藍的水面令我聯想到加拿大卑詩省的河流。在異象中，我跟耶穌走在青青河畔，邊走邊談，那是遠離日常生活的喧囂忙亂，充滿平安、使人安歇的地方。

我因成長背景的緣故，不相信自己能在聖靈裡看見畫面，但我很感謝神，透過異夢和異象而看見和聽見神是可能的，對我們每一個人都是。我雖不常做異夢，但是每次做異夢，

> 我們都可能透過異夢和異象看見和聽見神。

通常都有很深的涵義。在夢中，神用許多警告提醒，並用許多藍圖計畫向我說話，改變了我的人生方向。

神蹟奇事

許多人極渴望看見神蹟奇事發生在我們身上，或透過我們而發生，雖說這種追求也是好事，但必須永遠是發自親密關係，否則會因驕傲而阻礙這追求之路。透過浸泡，你學習認識神同在的真實，當你讓自己完全浸入神的同在裡，就知道祂希望花時間跟你在一起。如果我們想看到神蹟奇事，就必須聆聽神想要做什麼，就像耶穌，祂聽見和看見父所說和所做的，祂才說和做。

神蹟使你行在水面上——在乎的是信賴，將你的手交在祂手中，因知耶穌已經付上代價，好叫眾人得醫治。神蹟不見得會照我們期待的方式出現，有時候病得

醫治發生得比我們希望的還慢，但神永遠是那醫治者。因為祂想要在人的生命中動工，所以指示我們去做某件事，我們必須信賴祂的指示。

神蹟使你行在水面上——在乎的是信賴，將你的手交在祂手中，因知耶穌已經付上代價，好叫眾人得醫治。

握著耶穌的手，並信賴祂必使我們得見神蹟，這方面我自己也還在學習，我知道每一次聚會都是服事的訓練。2017年我們在英格蘭舉行復興聯盟（Revival Alliance）特會，那次聚會是連續兩晚在不同的地方舉行，一場是在挪威的滕斯貝格（Tonsberg），另一場是在英格蘭的伯明罕（Birmingham）。約翰從挪威飛英格蘭的班機延誤了，隔天早上已排好由他講道，我們的女兒蘿芮（Lori）問我是否可以先請一些人上台作見證，同時等待約翰抵達。前一晚聚會講道的是比爾·強生（Bill Johnson），結束時他做了醫治的呼召，也發出了一些知識的言語。

於是我走上講台，邀請昨晚得醫治的人上來作見證。有一位女士昨晚拋下輪椅站了起來，雖然還不是走

得很好，但已經能自己走到台下等著上台見證，女兒問我可否讓這位女士上台，儘管她還未完全獲得醫治。我說：「當然可以，神正在她裡面動工，我會邀請全場一起為她禱告。」

使人浸入禱告中常可促成更大的醫治。有很多次，約翰呼召需要禱告的人到台前，某人被服事後沒有完全被醫治，只好了七成左右，這時我會花個五到十分鐘繼續為那人禱告，我們發現，問題多半出在不肯饒恕、重大創傷，或是被某醫師說了什麼話，因而阻礙了他們獲得完全的醫治。多花幾分鐘禱告，徹底饒恕與悔改，往往帶來更大的突破。

話說回來，我們帶那位女士走上台，我按著神的引導，協助她在一些方面做饒恕與悔改的禱告，然後全場一起

> 使人浸入禱告中常可促成更大的醫治。

為她禱告，並相信她能獲得完全的醫治。我開始在她前後走動禱告，因為講台滿大的，我前後走了幾回之後，她就可以完全正常走路了！

我在為這位女士禱告時，獲得知識的言語。神透過我自己身體的徵狀說話，其實並不容易辨認，尤其當你年紀越來越大，時常會這裡痛那裡痛！但這次，我感到一種刺痛，像有玻璃碎片沿著兩隻腳滑下去，我不知道那是什麼，於是用麥克風把那種感覺說給全場聽，因為神想要醫治某人。突然間，有一位女士從輪椅上站起來，張口尖叫。我的女兒把她帶到台上，她說她因為癌症接受化療，每次都覺得兩隻腳的血管裡像有碎玻璃似的刺痛。就在我向全場說出我的感覺時，所有疼痛都離開她的身體。那完全是出於神！

接著，我說：「我要請在場每一位坐輪椅的人都站起來，神要醫治你。」話才出口，我立刻就想收回！那個會場很大，我根本不知道有多少位輪椅族！我知道憑自己根本無法幫助他們，我求問神：「神啊，我剛才說了什麼呀？」我把手放在胸前，剛好摸到貝妮·強生送給我的心型項鍊，上面刻有：「交給神」，我向祂說：

「神啊，我真的不行，可以交給祢嗎？」祂說：「交給我，凱洛。」我知道如果祂接手，我就可以放膽去試，感覺好像要跨出去行在水面上。於是我請全場一起為這些坐輪椅的人禱告，然後我們目睹每一位原先坐輪椅的人，都站起來行走！這樣的突破太不可思議了！

在那種情況下，你需要知道神就在你身旁，你需要習慣那種親密的溝通，知道你可以信賴祂。如果祂要你去做某件事，或者，你發現自己面對某位需要你禱告服事的人，可你卻沒有信心，這時你只要告訴祂：「神啊，我真的很害怕，我不知道該做什麼。」然後，回到祂的同在裡，弄清楚祂要你如何爭戰，求問祂有什麼計畫。

重點在於溝通和認識祂。最要好的朋友花很多時間在一起，所以他們真的了解彼此的心意，有的一聽對方的聲調語氣，

就知道對方那天過得並不好，只是強顏歡笑。有些最要好的朋友甚至在穿著打扮上也會逐漸相似，你見過嗎？他們的品味相似，喜歡做同樣的

> 最要好的朋友花很多時間在一起，所以他們真的了解彼此的心意。跟耶穌的情誼也是這樣——花更多時間跟祂在一起，就更認識祂，與祂的溝通也就越充滿信任、越是安全。

事，因此時常在一起。跟耶穌的情誼也是這樣——花更多時間跟祂在一起，就更認識祂，與祂的溝通也就越充滿信任、越是安全。

高效能領導力

我們都必須在神的同在裡花時間浸泡，尤其如果想要作高效能的領袖的話。太多的領袖像馬大一樣過分忙碌，焦點全擺在事工上。許多領袖讀神的話語、也常禱告，但依舊壓力沉重、不得休息。最有效能的領導力，來自於安息在天父愛的關係中，不是拚命工作，好像要做出成績才能贏得祂的愛。

✧ 啟動 ✧

當你浸泡時，請騰出空間給神，讓
祂來對你說話。聆聽祂時，請遵循馬克・
尉克勒的四個關鍵——讓自己安靜下來，
定睛於耶穌，對準祂同在的自然湧動，接
收祂所說的並寫下來。以這樣的問題開始
吧：

　　神啊，今天祢想對我說什
麼？祢是怎麼樣看待我的？

4. 浸泡歷史回顧

個人的浸泡旅程

我剛信主得救時曾去參加凱薩琳·庫爾曼的聚會，她為我禱告，我就倒在地上，被神的大能大大充滿，但是我躺在地上沒多久就起來了。多年後，我跟約翰結婚了，我們不時會去參加辛班尼（Benny Hinn）的聚會，他與約翰是舊識，他的聚會中有很強的聖靈運行，我們很喜歡去看和經歷神透過他所做的。有次聚會中，他為我禱告，我躺在地上起不來，而且躺在地上越久，聖靈

的感動就越強，甚至好像快從裡面爆發出來！尤其雙手的感覺強烈到好像比正常的手漲大了十倍，我不知道我能否承受得了，但我知道我很喜歡。

隨著時間過去，約翰和我越來越渴慕更多經歷神的臨在，非常希望看見祂在我們生命中、我們教會中大大運行。當我們尋求神時，祂吩咐我們把每天早上獻給祂。於是我們憑信心取消所有早上的行程，單單與祂同在。我們以禱告、讀經、來到祂面前，度過每個早上的時光。能夠這樣撥時間出來給神，真的是一大樂事，有些早上充滿親密感，有些則滿有新的啟示，還有一些早上似乎沒發生什麼事，但我們仍舊堅持下去，因為對我們來說，順服神的呼召是最重要的。

神吩咐我們把每天早上獻給祂。

神也告訴我們，要去到祂正在

運行動工的地方，因此當我們得知聖靈運行正在阿根廷爆發開來，就決定我們必須得去。但我們把手上的錢都湊在一起還不夠買機票，女兒蘿芮也幫我們出一點錢，其實她也是手頭拮据，買不起機票。總之我們買了兩張機票飛到布宜諾斯艾利斯，那是1993年的11月，我們相信必在那裡與神相遇。克勞迪奧‧福蘭德佐（Claudio Friedzon）為我們禱告，大大影響了我們。我再次被神的同在充滿，沒辦法從地上起身，連續幾個小時浸泡在聖靈中，那經驗徹底改變了我的生命。

兩個月後我們返家，聖靈也在我們位於多倫多機場附近的教會爆發，那真是遠超過我們所求所想。有一晚聚會時，柯蘭迪（Randy Clark）講道，講到一半，聖靈來了，全場幾乎每一個人都倒在地上，那應該就是大能運行的起點。自此我們每晚都有聚會，在聚會中神非常奇妙地動工，簡直不可思議，以致我們必須亦步亦趨跟著神，因為每一場聚會都不盡相同，我們不知道下一次會發生什麼情況，神的同在大大影響每一個人，他們都在聖靈大能中倒下，聖靈彰顯的方式超乎我們所能想像。

> 他們都在聖靈大能中倒下，聖靈彰顯的方式超乎我們所能想像。

我再次受祂的臨在衝擊，每一場聚會，當神的同在降下來，我就沒辦法站著，只能躺在地上。如此一段時間之後，曾經發預言說我們教會將有聖靈澆灌的馬克·杜龐，在某次聚會中問我：「凱洛，妳一直躺在地上，要怎麼帶領大家呢？」我對聖靈超級敏銳，以至於祂只要有一點動靜，我就只能躺在祂的同在裡，動彈不得，什麼事也無法做。大約兩週後，他按手在我頭上為我禱告：「凱洛，神如此說，妳可以站立，也可以腳軟倒下去。」這句話把我敲醒了，我真的必須學習在恩膏之下站立事奉。即使如此，還是有很多人在聚會中為我禱告，想讓我倒下去。我雖然很喜愛花時間領受，但是，我必須學習站立才能夠去服事其他人。

排隊等候禱告

我越領受神的同在，就越浸入，我的生命也結出越多的果子。自從我越來越被聖靈充滿，也越來越深深愛著耶穌；之後不久，約翰和我就注意到，同樣情形也發生在等候禱告的隊伍裡。服事團隊會去為在場每一個人禱告，許多人會在聖靈大能中倒下，而那些花時間留在地上領受的人，再起來時已經大大轉變。於是我們開始鼓勵人多躺在地上安靜等候一會兒，因為看見那樣做帶出美好的結果。多停留在同在中的人，會與聖父、聖子、聖靈不可思議地相遇；心靈得醫治，婚姻被恢復，也有人領受異象與指示。

> 人們與聖父、聖子、聖靈不可思議地相遇；心靈得醫治，婚姻被恢復，也有人領受異象與指示。

我們開始將這個留在神同在中的過程，稱為「浸泡」（soaking），取自麥格納（Francis MacNutt）使人浸於醫治禱告的教導。[1] 他教導說，就像你全身浸在溫熱的水中，靜靜地讓自己暖和起來一樣，我們為人禱告時也要花長一點的時間，彷彿以禱告和神的同在讓那人全

身暖和起來似的。他也看到長時間的禱告下，身體得醫治的程度也跟著提高。我本已花時間深入追求與神相愛的親密關係，在得知麥格納的事奉後，更加確定神喜愛我們停留在祂的同在中。

在那段期間，我還學到一件事，在某人領受禱告之後，繼續陪伴那人等候神，真的影響很大。我們每晚都會在講道前，邀請需要禱告的人到台前來，好比牧者或教會領袖，或是來自某些國家的人。神會對我特別指出某一位，然後我就去站在他們面前，以禱告浸透他們。

剛開始我以為我只能做這件事，因為我沒有自信上台證道，也不覺得自己有恩膏。但是，神叫我去做什麼，我就做。祂會特別指出某人來，通常是在他們倒在祂同在之下的時候，我就過去在他們旁邊禱告，一直到我感到神說可以了，我才會離開。有時這一禱告就是半個小時，有

時僅十分鐘，還有連續幾個小時的。有的人倒下去沒幾分鐘就睜開眼睛，打算站起來，但我總告訴他們繼續躺在地上等候神，其中一位就是邁克‧布羅德（Michael Brodeur），當時他牧養一間葡萄園系統的教會，神讓我以禱告浸透他，連續幾個小時呢！如今，二十多年過去，邁克對我們拓殖教會的運動大有幫助，他的影響力很大。我也曾為復興的領袖們禱告，比如祈安（Ché Ahn）、喬治安和溫妮‧班諾夫（Georgian and Winnie Banov）、比爾和貝妮‧強生（Bill and Beni Johnson），以及海蒂‧貝克，都是在他們的事奉真正起飛之前。我很榮幸當神在他們身上動工時，我能與神同工，服事他們。

浸泡並非新事

浸泡可不是在九〇年代突然從多倫多冒出來的妙點子，千百年來許多信徒都曾浸泡在神的同在之中，只是大家用不同的名稱罷了。記載於基督教歷史記載的有：安靜休息、住在神裡面，以及在神的同在裡停留等候。

耶穌行在地
上幾百年後，出
現一個叫沙漠教父
（Desert Fathers）

> 沙漠教父們知道
> 默想很重要——與神
> 心意相連而聽見祂
> 說的話。

的運動。[2]他們住在埃及的曠野裡，追求更
純粹的靈命。他們有一重要的價值是——
花時間休息和安靜。他們會花時間在靜默
中禱告等候神。他們知道你沒辦法靠人
為力量讓事情發生。他們知道默想很重要
——與神心意相連而聽見祂說的話。

神於1730年代將祂的同在澆灌下來，
掀起全美大復興，愛德華茲（Jonathan
Edwards）在那場大復興中有很大的影響
力，其妻莎拉（Sarah）說到她自己與神的
強烈相遇：

> 我整晚不住地感覺到持續、
> 清楚而活潑的屬天甘美，那是基
> 督超脫凡塵的完美的愛，我感到

祂與我相近，祂視我為珍寶；我的心在完全安息中滿有無法言喻的甜蜜寧靜。我似乎看見愛的光芒從天上的基督之心，照進我心中，像是一道湧流的江河，又像是一束溫暖的光。於此同時，我的心和靈魂都在愛中流向基督，就這樣，天上的神聖之愛流洩不絕，從基督的心流到我心中；我似乎在基督之愛的甜蜜光線中泅泳漂浮，祂的光彷彿從窗戶照射進來的陽光，而我就像在光線中被照透的塵埃。[3]

我浸泡的經驗跟她所描述的好像！我很喜歡她的說法：「祂與我相近，祂視我為珍寶。」把我們浸泡時所經歷的親密關係說得真好！

維格氏維爾（Smith Wigglesworth）是1900年代初期英格蘭的一位傳道人，很有醫治的能力，他針對住在神的同在中，傳了很多篇道，其中有一篇他這樣說：

如果你在祂的愛中，就會被神聖的渴慕吞沒，你將別無渴望，單單渴望神。你的心思將

充滿天上的事，你整顆心將被神
國的事佔滿，你也將住在至高者
的隱密處，常居其中。別忘了，
住在祂裡面的，就是住在祂的翅
膀蔭下。在那裡面的、裡面的裡
面，深藏著祂許多珍寶。[4]

　　我覺得這聽來就像浸泡，我們在那隱
密處與神同住。維格氏維爾常在神的話語
裡，讓神的話語滲透到他裡面，他也讓自
己浸泡在真理中，像當年的沙漠教父。

　　幾年前，約翰和我去拜訪桑德蘭
（Sunderland）的一間小教會，是英國的
五旬節運動誕生之地，神曾在那裡大大運
行。我聽說他們彼此談論「要等候直到榮
耀降下來」，就像路加福音二十四章遵照
主吩咐的門徒一樣。那教會的牆壁上有一
些凹口，可置入層板，當他們在神同在的
大能中倒下，就有人把他們抬起來放到其

中一塊層板上，好讓他們繼續在神同在中等候，安靜休息。想到一層層平板上躺滿了人的景象，我就覺得很有趣。你能想像自己被放到最上層的平板上嗎？想要下來的時候怎麼辦？1994年我們教會開始發生同樣的事，我們會讓倒在地上的人繼續留在那裡領受，安靜等候，他們想要躺多久都可以。幸好我們鋪地毯的地面夠寬敞，不必把人靠牆一個個疊起來！

過去二十五年來的浸泡

自復興開始以來，浸泡就成了我生命很重要的一部分，隨著不同時節，浸泡的樣子也有所不同，但保持不變的是，培養與聖靈的親密關係。我有一個朋友住在英格蘭，我們常透過Skype一起浸泡，一口氣起碼兩小時！我們一起花時間來到神面前，雖然天涯各自一方，卻仍能在浸泡時經歷相同的事情。

我們在多倫多的團隊培訓領袖們在世界各地開設中心供弟兄姊妹浸泡，大家可以在教會固定聚會以外的時間聚在一起，只為了浸泡聖靈中，單單花時間愛慕耶

穌、來到祂面前安靜。如今在世界各地都
有一群人在客廳、地下室和教會裡一起浸
泡！

> 你的焦點會隨人生
> 不同時節而改變，這
> 是很正常的。

你 的 焦 點 會
隨 人 生 不 同 時 節
而 改 變，這 是 很 正
常 的。我 曾 有 三 年
因疾病接踵而至，有如在曠野深處。我雖
然花時間浸泡，卻不像以往那樣可以感受
到神的同在。當然我知道祂不曾離開我，
但我就是無法像從前親身經歷祂。就在
那時，我聽到一位德國醫師艾爾森（Arne
Elsen）的見證，他自從信主得救後，就每
天讀兩頁聖經，並且設定鬧鐘，每隔十分
鐘就停下手邊的事，來敬拜神。[5]他決定鼓
勵他的病人用計時器設定鬧鈴，每十分鐘
就提醒他們敬拜禱告。他看到很多癌症患
者獲得康復，還有一些患絕症的人得著醫
治。於是我也開始用計時器，真的讓我回

到正軌。剛開始比較難，但是慢慢地，我開始重新經歷聖靈而更認識祂了。

計時器使我聚焦於神的恩慈，塞車時有別的車插到我前面，我正想開罵時就聽到警鈴大作，雅各書三章10節說，讚美和咒詛不應該從同一張嘴裡發出來。這話一點都沒錯，你不能同時氣得罵人又讚美神！

那計時器使我回到最根本的事，就是敬拜神，並重新聚焦於祂的恩慈與良善。也使我再次了解到，花時間待在祂同在中真的一點都不浪費，浸泡永遠是值得的！就像選擇待在耶穌腳前而不去忙東忙西的馬利亞，馬利亞是積極主動的，耶穌對馬大說：「馬利亞已經選擇那上好的福分，是不能奪去的。」（路加福音十章42節）我知道，在與耶穌同在方面，我需要再次積極主動。

浸泡與默想：有何不同？

花時間默觀耶穌和默想神的話語，在過去十年來日益盛行。最近我開始探究聖言誦讀（Lectio Divina，又稱靈閱、禱讀），你可以慢慢地讀一段經文，同時祈求聖

耶穌，我將自己定位在聆聽祢的聲音。

靈透過那段經文對你說話。[6] 這是真道與聖靈的美好結合，也是開啟全新的方式聆聽神說話，同時讓經文迴盪在你心中和生命裡。

依個人淺見，默想神的話語固然很重要，但是單單為著與耶穌相愛而浸泡，則完全是另一件事，因為當你浸泡時別無目的，你只是花時間說：「耶穌，我將自己定位在聆聽祢的聲音。」當然，有時當你浸泡，神可能會引導你去看一段經文，聚焦於那段話，沉思默想。無論如何，總要讓祂照著祂的意思來引導你。

✧ 啟動 ✧

　　最近你有無撥出時間安靜在神的同在裡？我們都很容易陷入生活的忙碌中，但是沙漠教父們和歷史上許多信徒都教導我們，花時間等候聖靈是絕對值得的。這個禮拜騰出時間來浸泡吧，找個安靜的地方，不妨播放些音樂，歡迎聖靈來。然後做這個禱告：

　　神啊，我就是來愛祢，我將今天和這個禮拜的忙碌全都拋開。神啊，我想要認識祢的心，祢說我們若祈求，祢就會回答。所以，神啊，今天我要祈求祢來充滿我，讓我來愛祢，也讓祢來愛我。

5. 僕人與愛人

煩躁不安的文化

很多人沒辦法在神的同在裡安靜下來,他們一直在「值班」,要達到目標、完成任務,無時無刻不在做事。

可能你成長的文化非常重視你的生產力,以致休息時間總是被推遲。從小我們就被教導,成績有多好就等於有多成功。也許老師告訴你:「別再做白日夢了,努力用功才是正途。」也許父母只在你有好成績,或努力

拿到獎牌時，才會誇獎你。這些話和行為一直影響到我們成年以後，也影響我們跟神的關係，使我們誤以為與神同行的人生一樣是要去達成目標、把事情做好，這樣才算成功、才能被神所愛。

活在忙碌的城市、教會、職場和家庭裡，我們很容易過度承諾，因有太多好事值得投入時間，以致我們用活動和產能來取代休息和聯絡感情的時間。但這樣的人生無法持續太久，你會把自己累壞而崩耗。緊迫的問題會把我們壓垮，以致看不見耶穌——我們起初的愛。

我們在史特拉福成立教會以後，很快就一頭栽進許多我所認為的好事裡，忙得不得了。我花時間傾聽人們的心聲，幫助他們處理問題，又要照管

> 我們用活動和產能來取代休息和聯絡感情的時間。但這樣的人生無法持續太久，你會把自己累壞而崩耗。

教會的各種活動。假如有人對我說：「凱洛，妳失去起初的愛了。」我會一笑置之，回說：「我當然沒有。」但其實我正是失去了起初的愛，我為太多事情忙亂，處理人的問題和人生的挑戰，以致忘了我的神有多麼美好、多麼大而可畏。

聖經說：「你們要休息，要知道我是神！」（詩篇四十六篇10節）而非「你們要功成名就，要知道我是神。」神呼召我們安靜，並認定祂、尊祂為大，勿忘一切都在祂的掌控之中。祂呼召我們在祂裡面休息。**我們是人的存在，而非做事的存在，祂要我們花時間單單跟祂在一起，而非一直為祂做事情。**

很多人只在覺得自己配得時，就是如果我們真的有在禱告、讀經、事奉祂的時候，才讓神來愛。如果我們忙到沒時間做那些事，就覺得好像無法獲取祂的愛。我們忘了，耶穌已付上終極代價，為的是使我們與天父建立關係。神真的想要跟我們建立關係，我們需要接受這份愛。**神是愛，而且祂希望我們成為祂的愛人。**

改變你的文化

我們在成長過程中不知不覺地採納周遭文化，文化的定義是：「人們在一個地方或一段時間內，共有的每日經驗之屬性特徵。」[1]我們從父母、朋友和師長那裡學習態度、習慣和信念。進入成年後，我們可以選擇去改變我們所吸納的文化，包括忙碌的文化。我們可以選擇創造價值，就是把安靜和與神連結，看得比有生產力更重要。聖經有很多關於行善和作好管家的教導，那些我們都要遵行，但在這裡我們談的是內心的動機，你的動機是想要服事祂，而非獲得肯定。

當我們撥時間出來浸泡聖靈中，就是讓自己在神面前安靜下來，提醒自己安靜並知道祂愛我們，這不但很重

> 進入成年後，我們可以選擇去改變我們所吸納的文化。

要，且是令人深深滿足的事情。
當然了，浸泡並不代表你不去完
成任何事，也不表示放棄行善而
變得懶惰。真正的多結果子，來

> 我們可以做各樣的善事，但若沒有愛，就算不得什麼。

自於跟神的親密關係。當我們花時間與祂同在，就明白
祂的心，就學會聽從祂的話語，也知道祂希望我們如何
分配每天的時間，祂從這個地方指引我們的心，朝向祂
要我們去做的事。我們可以為了達成很多事情而耗費許
多精力，但若不是神要我們去做的事，就不值得花那些
精力。如同哥林多前書十三章所說的，我們可以做各樣
的善事，但若沒有愛，就算不得什麼。

　　約翰和我在很多特會中服事。當我們在母會舉辦
特會，團隊都是我們熟悉的同工時，我會在他們跑進跑
出的時候，出手讓他們暫停一下。辦特會的確有很多事
情可忙，一整個禮拜同工們都從早忙到晚。但我很喜歡
為他們禱告，並鼓勵他們暫停一下，花一點時間汲飲於
聖靈，只要片刻就可從祂領受更多，然後起來，再去做
事，倚靠祂的力量而不是憑藉己力。

我有很多僕人，但愛人很少

神曾對我說：「我有很多僕人，但愛人很少。」你想作哪種人？你的心態是作神的僕人還是神的愛人？耶穌曾說，你所能做最重要的事，就是用你的全心全意全性愛祂，並且愛你的鄰舍如同自己（參見馬可福音十二章29～31節）。

約翰和我結婚前，常找時間在一起，他開口請我為他泡杯茶的時候，我會立刻起身去泡，他母親就說：「拜託，凱洛，讓他自己去，他又不是不會。」但我回答：「我愛他呀，我很高興為他泡一杯茶！」我不覺得是被迫的，也不是為了讓約翰喜歡我而去泡茶；我只是出於愛而想為他做這件事。

我們蒙召作神的愛人，就要有這種態度。**神的愛人為祂做事，是出於愛祂的心，要討祂喜悅，單單為了愛祂。**僕

人為神工作時，心裡想：「我背負著期待，如果我不去做，就會被扣分，父神會生我的氣，說不定會等著懲罰我。」也許你的想法沒那麼明顯，但如果你陷入工作、工作、工作的循環裡，不得休息，那麼你對神的態度可能也是那樣喔！

失喪人的失喪是真實的，傷心人受的傷是真實的，飢餓的人肚子餓也是真實的。世上有太多需要，但若我們沒有先與神相戀，拿得出什麼來給周遭的人？什麼都拿不出來！那是沒辦法真實地反映出和代表神的愛的。

僕人與愛人，最好的例子就是馬大和馬利亞，她們的故事記載在路加福音十章，你能想像她們家裡的情景嗎？我想像的畫面是這樣的：馬大突然需要接待十三名客人吃飯，想必她很會做菜。就在她忙著準備的時候，要馬利亞來幫忙卻不見她人影，原來馬利亞坐在耶穌腳前，單單注視著祂，被祂的愛吸引。忙亂的馬大一看此情景怒氣就上來，她忍住脾氣低聲喚馬利亞過來：「喂，馬利亞，過來。」馬

> 世上有太多需要，但若我們沒有先與神相戀，拿得出什麼來給周遭的人？

利亞沒有反應。最後她受不了，索性直接上前對耶穌抱怨說：「我的妹妹不來幫我，讓我一個人忙，祢不在乎嗎？」耶穌回答說：「馬大啊，妳為許多事情擔心，思慮煩擾，但是有一件事不可少，而且別人奪不走。馬利亞已經選擇了那上好的福分。」

聖經說得很清楚，我們也都看見了，**上好的福分就是與耶穌同在，坐在祂腳前。**馬利亞重視跟耶穌在一起的時間，馬大忙著服事和做事，而耶穌責備了她。

也許你會說，馬利亞花時間跟耶穌在一起比我們容易得多，畢竟祂人就在她們家。但是我們有聖靈啊，聖靈一直都與我們同在。

我們所能給的最寶貴的東西，就是我們的時間。馬太福音六章21節說：「因為你的財寶在哪裡，你的心也在那裡。」從你怎麼運用時間就可看出你最重視什

麼。我們靈魂的仇敵——撒但，處心積慮要奪走我們單單愛耶穌並讓祂愛我們的時間。神希望我們花時間來到祂面前，不要匆匆忙忙地待一下就離開。如果錯過晚餐時間，或是這個禮拜都沒打掃家裡，那又如何？又不會死！

轉變像祂

我真的相信，浸泡是更像耶穌的一大關鍵。你花更多時間跟祂在一起，就更認識祂是誰、祂喜愛什麼、祂想要什麼。出埃及記三十四章裡，我們看到摩西長時間在神的同在裡，以致面容發光：

> 摩西在耶和華那裡四十晝夜，也不吃飯也不喝水。耶和華將這約的話，就是十條誡，寫在兩塊版上。摩西手裡拿著兩塊法版下西奈山的時候，不知道自己的面皮因耶和華和他說話就發了光。亞倫和以色列眾人看見摩西的面皮發光就怕挨近他。（出埃及記三十四章28～30節）

被神的榮光大大充
滿以至於發光，不是
很棒嗎？

他深深浸入神
的同在裡，以至於
神的榮光注入他整
個靈魂體，他就散
發神的榮光。

我曾瞥見從人身上散發神的榮光，
有時候我看著海蒂・貝克，覺得她容光煥
發，因為她反映著神同在的榮光。約翰曾
被人說過有榮光，還有其他的人也是。像
摩西那樣面容發光的情形，我倒是還沒見
過，但被神的榮光大大充滿以至於發光，
不是很棒嗎？我很想看見那情景，但它是
有代價的——要花時間待在祂面前。

新娘與新郎

與神親密的另一個美麗畫面，就是新
娘與新郎。那是耶穌和祂的教會之間的神
聖愛情，以弗所書五章27節說基督要我們

成為祂的新婦：「可以獻給自己，作個榮耀的教會，毫無玷污、皺紋等類的病，乃是聖潔沒有瑕疵的。」

耶穌在尋找你的愛，祂在尋找一位愛祂的新婦，耶穌要回來接一位與祂相合、相匹配的新娘；新娘為要得那榮耀的新郎的喜悅，因此她也必須充滿榮光。當我們浸泡在神的同在裡，而且不但浸透，甚至對祂的愛和彼此的愛都滿溢出來，那就是更加滿有榮光的教會了。

記得1994年，復興開始三週之後，約翰和我去匈牙利服事，那是早已定好的行程，雖然想辦法看能不能不去，因為我們的教會正掀起千載難逢的復興，但是既定的計畫不能更改也不能取消，還是得去。臨行前，全教會為我們祝福禱告。就在出發前夕，我在夜間看見極奇妙的異象，使我明白耶穌與祂的教會之間的神聖愛情。

在那之前，我從未見過異象，約翰曾跟我說：「妳就閉上眼睛，想像妳在房子裡的畫面。」但我閉上眼睛，只見一片漆黑。我可以說出我們家裡的樣子，但是看不見畫面。出發前那晚聚會講員是馬克・杜龐，他為我禱告的時候，我立刻進入一個不可思議的彩色異象。我站在一片很漂亮的草原上，耶穌拿著一束山谷百合向

我走來，把花放在我手上。

　　我立刻明白那對我的意義，多年前我經歷一段艱難時期，我的離婚官司終於結束，然後我遇見約翰。有一天我從附近的城鎮開車回家，副駕駛座位上放著一束山谷百合（又稱鈴蘭），那是約翰和他母親送給我的。那時我正為自己感到悲哀，接連發生的許多事讓我窮於應付。就在我一邊思想一邊跟神說話時，花香飄進我鼻子，我拿起那束花，神對我說：「凱洛，山谷百合是一種很小很香的花，它不是生長在山頂上，而是在山谷裡。當妳走在低谷中，要知道我永遠為妳預備了我的百合花。」

　　所以在那異象中，當耶穌交給我一束山谷百合，我馬上知道祂要告訴我什麼；祂在說，即使在「低谷」或艱難之中，祂的恩惠慈愛仍緊緊隨著我。耶穌與我在那片開滿花朵的草原上邊跑邊笑，我們也談

到過去在禱告中共度的寶貴時光。

　　然後，耶穌走到我面前，對我說：「可以把那束花還給我嗎？」雖然不太想歸還如此特別的禮物，但我還是交給祂。祂開始收集各種顏色的各類花朵，全部編成一串花環，然後把那山谷百合放在花環裡，將它戴在我頭上，又突然拿出一條長長的白色頭紗，祂把頭紗別在花環後面。景象一變，我知道我挽著祂的手臂，兩人同行在大街上。我不知道我們身處何方，也不知道是什麼情況，但是街道兩旁都是向我們揮手歡呼的人，我一看前方的路，才明白：「天啊，我們走在黃金街耶，我跟耶穌結婚呢，哇嗚！」我興奮得不得了！

　　才剛這樣想，景象又變了，我站在極其廣大、看不到邊際的宴會廳裡，每張桌子都鋪了桌巾，還佈置了鮮花和燭台，萬事皆備。我明白自己應邀來參加羔羊的婚宴，我簡直太興奮了！這時我看到大廳還空蕩蕩的，就問：「耶穌，人呢？都到哪裡去了？」我轉身環顧四周，這裡的人都好漂亮，面容發光，都穿著華麗的結婚禮服。我說：「主啊，這些人都是誰呢？」祂說：「他們是傷心的人、破碎的人、受排斥的人以及沒人疼愛、

「他們聽見我的召喚而來赴宴。」

沒人關心的人，他們聽見我的召喚而來赴宴。」然後耶穌走向我，說：「凱洛，我可以請妳跳第一支舞嗎？」

這一問，直接打進我心坎裡。我得救後不久，有天早上讀啟示錄，看到將來我們到天上，會把我們的冠冕都放在祂腳前，我心想：「主啊，我不在乎冠冕，可身為單親媽媽，我只想要擁抱。」我說：「神啊，當我到天上時，能不能從祢獲得一個長長的、實實在在的擁抱？」靈命更成熟以後，我才比較明白那些冠冕代表什麼，好比說尊榮和權柄，[2] 但在初信的那時，我一點都不在乎什麼冠冕；我只想要一個擁抱。所以在異象中，當耶穌走向我，請我跳第一支舞時，就像是回答了我多年前的渴望。與耶穌相擁共舞，是我心中所渴求的獲得了回應。

　　我們起舞時，我心想：「不行啊，我不能跟耶穌跳舞，我的婚紗太長了！」（你說這念頭蠢不蠢？）但瞬間有很多小鳥飛過來，有知更鳥、小麻雀和藍樫鳥，在我與耶穌共舞之時，牠們啣起我的婚紗。

　　當我從異象出來，看到自己躺在講台的地上，馬克・杜龐站在那裡講道。我已經仰臥了四十五分鐘，期間雙腳偶爾會抬起來像在跑，雙手在揮舞，我卻一無所知！

　　我躺在那邊揮舞手腳，會眾哪能不分心？後來約翰告訴我，不斷有人來跟他說，要不要把我移開，因為馬克正在講道。約翰對那些人說：「別碰她，我不知道怎麼回事，但是就算你拿一百萬給她，叫她做這樣的事，她也絕對不會去做。我看是有大能的事正在運行，別打擾她。」

　　異象結束後，約翰扶我起來，請我跟大家分享剛才發生什

「別碰她，我不知道怎麼回事，但是就算你拿一百萬給她，叫她做這樣的事，她也絕對不會去做。我看是有大能的事正在運行，別打擾她。」

麼事。我求問主，祂要我分享，而且要我
請我們的敬拜領袖希諾（Jeremy Sinnott）
唱溥洛詩（Kevin Prosch）的詩歌〈來吧〉
（So Come）：

> 祢使無用的變為珍寶
> 祢賜華冠代替灰塵
> 以愛取代憎恨
> 祢揀選世上軟弱的
> 使強壯的羞愧
> 揀選愚拙的
> 使聰明的羞愧[3]

他唱完後，主對我說：「妳要告訴我
的百姓，這是我傾倒聖靈膏油的時候，他
們要像馬太福音二十五章那五名有智慧的
童女。當大家都期待主快要再來的時候，
人人手裡都拿著燈，都把燈點著，都打盹
而且睡著了。但是，那五個聰明的童女和

那五個愚拙的童女，差別在哪裡？五個聰明的童女有多準備油。」祂說：「這是我將我靈的膏油傾倒下來的時候，他們要付代價買油，而且要多買，至於代價，就是願意坦誠示弱、謙卑己心，並且持續不懈地追求親密關係。」我把從神那裡聽見的，分享出來，也把我剛才經歷的異象說給大家聽。

那異象呼召我更親近耶穌、更熱愛耶穌，也使我看見祂希望祂的新婦眼中只有祂。祂喜愛親密關係，希望與我們每一個人相近，想跟我們長時間在一起，好把祂心裡的事顯給我們看。約翰和我也領悟到，要非常看重神彰顯的同在，我們學到，當神有意在那人身上動工時，千萬不要介入。我們要對準頻道，接收祂的聲音並立即隨從祂的引領。幾年後，約翰讀到馬太福音二十五章，讀了又讀，他不斷反芻那些經文，要汲取更多真理，明白神要顯給我們看的。神向他顯明，那異象是祂在多倫多運行的先知性縱覽。神把異象的藍圖描繪在我心版上，現在我們知道，那具有先知性的象徵意義。神對約翰說：「如果當時你為了維持凱洛的尊嚴，或是屈服在人的壓力之下，或是為了聚會并然有序的緣故，而

出手阻止她，那麼這場復興只會延續三週左右。」為什麼？因為神正在我心版上描繪屬天藍圖，聖靈正在動工，他會打斷這個先知性的過程。如今多倫多成了各國之民來買聖靈膏油的地方，而令我們驚嘆不已的是，神的大能運行持續多年不曾中斷。我們多麼榮幸得以參與一場綿延不絕的復興，影響到全球各地的人！

我根本沒想到自己竟能有那樣的異象，是神開啟我心靈的眼睛，祂也想要打開你的心眼。祂希望你與祂更親密同行，祂希望在這親密關係中以全新的方式，向你顯明祂自己。這種全彩的異象不是絕大多數人，包括我在內，可隨時得見的。有

當神用那樣的方式說話時，你要緊緊抓住並尋求祂透過那方式要告訴你什麼。

時我們所見的，像是看從前的底片膠卷那樣晦暗不明，你只能約

略瞥見神所要顯明給你看的，有時候你的想法會跳出來說，那不過是你自己的幻想罷了。但是，當神用那樣的方式說話時，你要緊緊抓住並尋求祂透過那方式要告訴你什麼。

我得到那新婦的異象後，我以為必須繼續等候神全權安排另一次相遇，等祂在異象中告訴我那是什麼意思，其實不然。我得學習把自己放在聆聽神的位置，我要去聽神在說什麼、看神在做什麼。有時候神會主動顯明，但祂也希望我們問祂問題。**這是雙向的相愛關係，我們要追求認識祂的內心，同時祂也追求我們並對我們說話。**

✧ 啟動 ✧

你的文化是什麼樣子？是否從小就聽父母師長告訴你，花時間安靜是無用的，努力用功把事情做好才有價值呢？是否你從小就必須在課業上達到某個成績，才能獲得父母的肯定、也才能感到被愛？如果是，很可能你對神的看法已經受到影響——你覺得好像需要拚命努力才能討神喜悅、也才能被神所愛。

現在就花點時間想想從小到大有哪些人教導說，你需要努力用功、表現得好，才會有人疼愛，然後一個一個饒恕那些人。

父神，我從小被_____（插入人名）教導要努力用功才

會有人疼愛，這使我以為祢也要我拼命努力，才能贏得祢的愛。現在我明白祢並不是那樣的，我明白祢要我安靜休息來領受祢的愛，祢不要我拼命努力贏得祢的愛。我選擇饒恕每一個影響我、使我有那種想法的人。求祢幫助我從心底深深知道，祢照我的本相愛我，在我做任何事情之前，祢就已經愛我了。

在接下來幾天裡，請你檢視自己的思想，當你沒有照計畫完成那一天該做完的事情時，是否批判自己？你是否給自己定下很高的標準，必須做哪些事，而且必須做得非常好？每一次負面思想進入你腦海時，立刻把它擄來，帶到神面前，求問神對你的想法是什麼，並以神對你的想法取代那個負面思想。祂是無條件愛你的！

6. 浸泡的實用指南

我想要幫助你培養花優質時間單單愛耶穌的習慣，沒有比跟祂在一起的時間更寶貴的了，與神的關係絕對值得你付出時間。本章要來看浸泡的實際要素，也要回答你可能碰到的問題或疑問。在你學習浸泡時，不妨時常參考這一章。

騰出一個安靜的空間

絕大多數人都需要學習如何在神面前安靜，大家

都很習慣用敬拜和禱告來填補安靜。在列王紀上十九章裡，神對以利

> 絕大多數人都需要學習如何在神面前安靜，大家都很習慣用敬拜和禱告來填補安靜。

亞說話，但祂不在狂風中，也不在地震中，而是在安靜的微小聲音中。這件事非常重要，務必找一個寧靜的地方，騰出空間來聆聽神說話、認識祂的臨在。

在你的臥室也好，在客廳你所偏愛的椅子上也好，總之，一個安靜又不會分心的地方最是理想。我認識一些朋友寧可躺在地板上，而不躺在自己的床上，免得一不小心就睡著。當你操練浸泡時，你會知道什麼方式對你最有效。

找到一個舒適的位置後，就閉上眼睛歡迎聖靈。要定睛於耶穌，要對祂說你愛祂，你想要花時間跟祂在一起。

當你把浸泡操練好以後，就能很容易

在任何地方與神的同在連結了。我在車子裡浸泡、在我的庭院裡浸泡、在火車和飛機上也能浸泡。我學到我可以把周遭的世界關閉，自己單單注視耶穌。

聽音樂

浸泡時播放音樂有助於營造平安寧靜的氣氛，我喜歡先以敬拜音樂來使自己的心轉向愛慕耶穌。我不推薦節奏輕快、喜樂昂揚的敬拜詩歌，我寧可選擇提升心靈來與神的心相連的親密詩歌，就是讓你可以真心愛慕神的詩歌，當你對祂唱這樣的詩歌時，能幫助你聚焦於祂，也讓自己的心靈進入寧靜平安。浸泡時先從敬拜和愛慕開始，可幫助你摒除分心的事，把焦點從忙碌的生活移到耶穌身上。

當你敬拜而感到神的臨在漸漸浸透你，這時你要更加歡迎祂降臨，並認定祂的同在降臨，要告訴

> 當你對祂唱這樣的詩歌時，能幫助你聚焦於祂，也讓自己的心靈進入寧靜平安。浸泡時先從敬拜和愛慕開始，可幫助你摒除分心的事，把焦點從忙碌的生活移到耶穌身上。

祂你愛祂，你想要花時間跟祂在一起，然後讓祂來帶領。你可以問祂今天想要做什麼事、想要把什麼事顯明給你看。

剛開始，浸泡在有歌詞的音樂裡會比較好，因為可以幫助你心思專注不跑偏。你的心思有可能非常忙亂，東想西想，歌詞可引導你安靜下來，定睛於耶穌，也提醒你這時唯一要做的就是與神連結。操練浸泡一段時間以後，不妨試試看用無歌詞的背景音樂，我發現那讓我在浸泡時，能更自由地隨從聖靈引領。

管理分心的事

當你開始浸泡時，你的心思會亂竄，好不容易騰出安靜的空間，卻突然想起你有好多需要做的事，之前忘掉的事現在也全都想起來，真叫人氣餒啊！有時候，這是魔鬼在使你分心，有時候只是你自己的

腦袋想要掌控。

根據帖撒羅尼迦前書五章23節，我們都是由靈與魂和身子組成的。你的靈就是你將自己獻給耶穌而被更新的部分，也是你與神溝通的部分。你的魂是由你的意念、意志和情感組成的，絕大多數人的生命都是由他們的魂掌控，而讓自己的心意、意志或情感引導他們。當你浸泡時，這就成了問題，你的魂，尤其是你的心思意念，因為太習慣掌控了，以至於當你的靈嘗試與神的靈連結時，就成了一道障礙。

本來你的生命應當由你的靈帶頭領導，而不是你的魂。我們每一個人都應當把秩序調整為：靈、魂、體。首先你的靈要對準聖靈，依序才是魂和身子。你可以為你的魂與身子，心存感謝，因為它們真的很不可思議，但是，你要以權柄吩咐它們服從你的靈，而你的靈則是服在神的靈之下，聽從神的靈的。

因此，分心的事出現時，就拿紙跟筆，把它寫下來，然後繼續浸泡。我總是為這些小小的提

本來你的生命應當由你的靈來帶頭領導，而不是你的魂。

醒出現感謝神，雖說有可能是仇敵企圖使我分心，也有可能是我的心思意念想要掌控，但我寧願歸功於神！我剛開始操練浸泡時，花了三個禮拜才把我的心思意念降服下來。

如果想到你有很多事必須去做而備感壓力，你一邊把每一件事寫下來的時候，請一邊想像你把它們交給耶穌的畫面。做個深呼吸，求耶穌看顧並讓你知道浸泡時間結束之後，你該做什麼。詩篇五十五篇22節說：「你要把你的重擔卸給耶和華，祂必撫養你。」祂能夠看顧你所有的需要，在你可能遭遇的每一個大大小小的挑戰扶持你，祂必賜下你所需的力量。你所能做最好的事，就是持續花時間來到祂面前，向祂支取力量，而不是起來到處奔忙，要把想到的事情做完。

有時耶穌確實會在你浸泡時提醒你，使你想起一些重要的事，如果是這種情

形，那麼你要感謝祂，並將浮現腦海的事寫下來，然後求問祂是否還有別的要說。

分心的時候，要以敬拜神重新聚焦。敬拜是提醒你的魂這段時間的目的。你要告訴耶穌：「主，我愛祢，我在這裡等候祢，我再一次定睛於祢，祢配得我的敬拜。」

浸泡多久

當你開始浸泡，先從你可以每天持續的時間長度做起，也許一次十到十五分鐘。如果你是非常忙碌的人，無法天天浸泡，那就試試看一個禮拜五天吧，但仍要盡可能持續。學習浸泡跟建立一個習慣差不多，也像是在漸漸認識神的同在，並與祂建立關係。

重要的是不要比較，你不必一開始就以每天浸泡一個小時為目標。你的心思很可能四處亂飄，而這只會讓你對浸泡的過程感到灰心而停止不做。固定的規律才是關鍵，所以，選擇一套你可以保持的常規吧。

越持續浸泡就會越感到這段時光的甘美，你會發現

> 越持續浸泡就會越感到這段時光的甘美,你會發現自己被吸引而花更長的時間來浸泡。

自己被吸引而花更長的時間來浸泡。我通常採取馬拉松式的浸泡,我會找一位女伴,撥出三天時間一起從早上九點浸泡到午後六點。很奇妙的是,聖靈總會臨到。不是每個人都能這樣做,因為個性各有不同,但概念是,不要去計算一週花多少個小時浸泡,**重點在於心態,你想要花時間與主在一起、愛祂、聽祂想對你說什麼。**

沒有目的

當你浸泡,唯一優先就是跟主在一起。盡量把你自己的目的擺一邊,讓自己作蒙神所愛的。求問聖靈,看祂今天想要帶你到哪裡,並歡迎祂親臨。你會驚奇於

祂帶你進入之地。

耶穌告訴我們要像小孩子一樣，我們需要帶著這種心態來浸泡。浸泡是一件讓人坦誠示弱也讓人謙卑的事，我們的腦袋告訴我們，坦誠示弱很愚蠢，但耶穌說過：「我實在告訴你們，你們若不回轉，變成小孩子的樣式，斷不得進天國。所以，凡自己謙卑像這小孩子的，他在天國裡就是最大的。」（馬太福音十八章3～4節）當我們謙卑像小孩子，來領受我們天父的美好恩賜，就是領受天國了！

> 當我們謙卑像小孩子，來領受我們天父的美好恩賜，就是領受天國了！

如何將神所做的記錄下來

當你浸泡，神會說話，**務必調整你的心**，才能夠聽見祂在說什麼，也才能夠學著看見祂在指示你什麼。我在第3章說明了馬克·尉克勒的教導——聽見神聲音的四個關鍵。聽見神的聲音是一個學習過程，當你得見一個異象，就算只看到一點點，千萬別自行分析，要讓神照祂的心意來引導你。

　　把祂告訴你的一些事情寫在日誌上挺好的，這樣你可以為那些事情禱告、深思默想。我常盡量把發生的事畫出來，或是把記得的事寫下來。有時我會想起某人，我就把名字寫下來，然後問聖靈是否稍後需要打個電話，還是花些時間為他們禱告。

　　如果神似乎重複說同樣的話，請勿感到氣餒，只要求問原因，有可能神想要提醒你祂對你的心意，直到你真的相信為止。神想要一而再、再而三地告訴你祂愛你；神是愛並且祂愛你，祂想要你的心靈、心思、意志和情感都知道這點。

> 　　如果神似乎重複說同樣的話，請勿感到氣餒，只要求問原因，有可能神想要提醒你祂對你的心意，直到你真的相信為止。

假如什麼事也沒發生呢？

就好像你一個人在講話，什麼事也沒發生，也是有可能的。可能你感覺不到、聽不見或看不見任何事，那也沒關係！就算沒看見任何事發生，浸泡也不是浪費時間，**神非常看重你選擇來到祂面前！**如果你是這種情形，請繼續操練，不要放棄。神喜愛我們堅持到底，祂喜歡我們追求祂。

耶穌說：「你們祈求，就給你們；尋找，就尋見；叩門，就給你們開門。因為凡祈求的，就得著；尋找的，就尋見；叩門的，就給他開門。」（馬太福音七章7～8節）當你尋求聖靈的同在，祂就樂意向你顯明祂自己。

別忘了，你的天父想要把美好的禮物給你，遠勝過任何慈愛的好爸爸。祂想要與你有親密的關係，遠勝過你所能想像。所以，繼續向祂祈求賜下更多吧，當我們的復興開始後，我們就學會這樣禱告：「聖靈啊，更多！」

在那段舉行晚崇拜期間，有一位來自美國的牧師待了三個禮

就算沒看見任何事發生，浸泡也不是浪費時間。

拜，整整三個禮拜他沒有感覺到什麼，一件也沒有，所以非常失望，但他仍持續浸泡，相信神在做某件事。當他返回美國，對全教會訴說他在多倫多所見的，他說：「雖然我想我什麼也沒領受到，但如果有人想要我為你禱告，請到台前來。」全教會都走到台前，他為他們禱告的時候，神的同在降臨，能力之大，以致所有人都倒在地上。這位牧師興奮得不得了，就又搭了飛機回來告訴我們整件事！

萬一我睡著了呢？

我聽很多人問過這個問題，我敢說，固定浸泡的人大多曾在某個時候睡著過，我覺得那並不是問題。你會睡著可能是因為真的很累，你真的需要在神面前深深地休息，神也能在夢中對你說話！

在乎的不是做到完美，神在意的是

你的心，你想不想與祂同在、花時間跟祂在一起？不在乎完成任務，或達到一個時間定額，在乎的是與祂的關係。2019年約翰與

> 在乎的不是做到完美，神在意的是你的心。

我到倫敦神學院（London School of Theology）教導，在一段服事時間裡，其中一位研究生躺在地上浸泡時很快就睡著了。後來我邀請人上台作見證，他也出來分享剛才發生的事。起先我心想，整段浸泡都在睡覺？這樣的見證會不會太奇怪了？接著他說，那是一個神蹟，因為他多年來一直失眠，每晚只睡兩三個小時。隔天早上，他再次見證說，前晚他一連睡了八個小時，他整個人容光煥發。

不過如果你發現自己在浸泡時入睡的情形太常出現，那就不妨換一種浸泡的姿勢，好比坐直或躺在地板上，取代坐在舒服的沙發上或躺在床上。也不妨換個時段，假如你原本是用晚上的時間，卻發現很容易入睡，那就改成早上浸泡，或是仍用晚上，但不要太晚，趁自己還不會太累的時候。

度過枯乾時節

也許你發現自己處於枯乾時節，奮力與神連結卻仍不如從前。對我而言，這種情形就發生在生病的那三年，我過去所做可以與神連結的每一件事，在那時都似乎不管用了，我可以感到祂的同在是相近的，但卻不是真正的親密；我知道祂沒有離開我，但，那是我第一次必須學習憑信心，當我的感覺和經歷跟不上的時候，我仍然要相信祂與我同在。

我持續浸泡並且讀神的話語，同時也真切地檢視內心，我問神：「有什麼事情是我需要對付的嗎？有什麼是我需要處理的嗎？」如果你正處於曠野時節，有可能神在向你顯明祂希望你處理的一些障礙。我們都需要讓內心和情感得醫治

> 如果你正處於曠野時節，有可能神在向你顯明祂希望你處理的一些障礙。

的時節。

自從認識來自德國的艾爾森醫師以後，我學到用計時器來提醒我每隔十分鐘就敬拜神。敬拜計時器是個很棒的工具，幫助你迅速重新聚焦於神。當你在困難中舉步維艱時，很容易變得聚焦於內在，你會花非常多時間精力處理內在的問題，以至於眼中沒有神的良善恩慈。如果你生病了，如果你灰心失望，或是處於枯乾時節，請下決心讚美神——稱頌祂吧！無論你的感覺如何。當你將焦點轉向祂，就會感到祂的注意力也在你身上。

是否有人比較擅長安靜？

我們被造成各不相同的人，有些人覺得浸泡三十分鐘並不難，有些人會覺得很難。有些人是行動派，很難要他們靜止一段比較長的時間。浸泡不見得以平躺的姿勢，對許多人來說，靜止不動有助於浸泡，但如果你靜止不動反而很難專注，那你

對許多人來說，靜止不動有助於浸泡，但如果你靜止不動反而很難專注，那你也可以在行動之間浸泡。

也可以在行動之間浸泡。你可以在走路、騎自行車，或在健身房運動時，讓自己安靜下來，把你的心思調轉向聖靈正在說什麼、做什麼。重要的是與神的心相連。

海蒂‧貝克在海邊浮潛時浸泡於神的同在裡。你的身體在做什麼都不要緊，只要你的心思可以服在你的靈之下，並且你能與神連結。

信心與感覺

約翰比我有信心恩賜，他知道他花時間與神同在時，神會充滿他，不管他有沒有感覺，他完全同意神的話語，但他可是花了很長時間學習感受聖靈和相信祂臨在會帶來感覺，並且他所感覺的確實出於聖靈。我是隨著神的引領，倚賴我的先知性直覺，我可以感到聖靈正在如何運行，我也不斷地問祂：「祢在哪裡？祢在做什

麼？」

如果你跟約翰比較像，有信心的恩賜，或者你的恩賜是教師，或者你是製作人或策略家，你可能需要調整頻道接收聖靈而感受祂。

> 對於神正在動工，無論你是很難感受到，或是需要學習倚靠信心；不管在光譜的哪一端，都是一段需要經過學習和成長的重要過程。

另一方面，像我的話，當我生病身體不舒服，或感覺不到聖靈時，我必須學習祂是良善的，而且祂仍同在。在憑信心行事方面，我還有很多要學的。

聖經說，我們從神所領受的一切都是憑信心，不是憑感覺（參見加拉太書三章14節）。同時，神也透過我們的感官和感覺來接近我們。對於神正在動工，無論你是很難感受到，或是需要學習倚靠信心；不管在光譜的哪一端，都是一段需要經過學習和成長的重要過程。

為別人做浸泡禱告

當聚會中神的同在強烈臨到，人們在領受禱告時多

半會倒下去，但我注意到，他們似乎無法留在那同在中安靜而休息。他們被禱告之後沒幾分鐘，就自行起身離開。他們可能無所謂，我可是很在意。

經歷神可不只是倒下去而已，祂希望與每一個人有深度的心靈連結，祂想要知道他們是不是真的重視祂的同在，以致願意停留並且等候祂。這就是為什麼我總是鼓勵人留在浸泡中，領受禱告後不要很快起身離開。當有人倒在地上時，你可以繼續為他們禱告，讓他們繼續浸泡。你只需伸出一隻手按在他們身上，默默地禱告，你要歡迎聖靈來，然後隨著感動禱告。即使他們沒有倒下去，也要鼓勵他們找個地方躺下來，把自己定位在神面前。倒下去的本身並沒有什麼神奇的力量，**真正的價值是在騰出空間給神**，告訴祂你想要更多得著祂，你在這裡，聽憑祂心意而行。

當你為某人禱告服事，要鼓勵他們即使沒有感覺到什麼，仍要知道神在動工。你要鼓勵他們求問神正在他們裡面動什麼工，同時不要拿自己跟別人比較。神所動的工有些比較容易被看見，好比顫抖或其他彰顯，以致沒什麼動靜的人以為自己沒有領受到。你要提醒他們，我們是憑信心從神領受，所以不要讓焦點跑掉，要持續渴慕耶穌、敬拜祂。

> 經歷神可不只是倒下去而已，祂希望與每一個人有深度的心靈連結。

約翰和我常與人做一對一的教練（coaching），尋求神在個人心中所賜下的平安。如果你忙著禱告或拚命想要領受什麼，那你需要做個深呼吸，把所有的拚搏都放掉，進入安息。要記得我們說過的：「讓自己安靜下來，定睛於耶穌，對準祂同在的自然湧動（spontaneous flow）。」

✧ 啟動 ✧

對你來說，「與神的同在連結，並在祂面前安靜下來」此事的挑戰在哪裡？

你是否對自己說：「我實在不擅長安靜」，或是「我天生感覺不到聖靈」，或是「我每次都會分心」？如果是，現在就對神說：

> 神啊，我要為一件事悔改，就是我曾相信因為個性或性格使然，所以我無法花時間來到祢面前安靜，或相信我無法從祢那裡領受。現在我知道那是謊言。神啊，我想要祢，不管我有沒有感覺到什麼，我都要把自己定位在信心裡，我要憑信心到祢面前領受。

7. 浸泡與醫治

　　我從未遇過有誰生病卻不想要好起來的，神也希望我們健健康康！祂能醫治每一種病痛和疾病。我們都可能認識某個需要得醫治的人，也許是身體的疼痛、骨折，或是比較嚴重的，好比長期的身體不適，甚至癌症。教會已經開始認識到醫治禱告的大能，世界各地都有人選擇憑信心禱告祈求醫治，而且有很多神蹟正在發生。我們無不希望醫治禱告有效。

立即得醫治？

我們的文化要求立即見效，我們都習慣需要什麼就馬上得到，如果到得來速買咖啡還需要排隊，我們就不耐煩。我們線上購物，期待下單後隔天貨就送到。各種雜誌充斥著快速減重的方式，都保證輕輕鬆鬆看見奇蹟發生。

我們對耶穌也會變成那樣，希望祂使我們的問題、我們的財務、感情受創和身體微恙，都馬上獲得解決。其實，這些事都要求承諾。親密地認識耶穌並不是彈指間就完成的事，醫治情感的創傷也是如此，你的心靈得醫治是需要一段時間的；你獲得一個醫治的方法，然後照著去行，接著聖靈又做更深的處理。約翰和我定意經常花時間做內在醫治，以幫助我們保持心理健康，盡力對自己及他人負責，也使我們多年來一直在全人健康的基礎上事

奉。

不久前，我在北卡羅萊納州的夏洛特（Charlotte）市服事，有一位姊妹到台前來，說她需要釋放禱告，因為她會聽到一些聲音，又說她這裡有毛病、那裡不對勁，林林總總，她希望我能一舉解決她所有的問題。我只是擁抱她，為她禱告，然後說：「親愛的姊妹，讓我們問問這裡有沒有好的心理輔導員。」她需要的，是走過一段內在醫治旅程，而不是找一個快速解決的辦法。內在醫治是一個過程，需要隨從聖靈引領整個人投入。

再一次讀約翰福音十五章7節：「你們若常在我裡面，我的話也常在你們裡面，凡你們所願意的，祈求，就給你們成就。」我們都巴不得立刻解決問題，但是耶穌呼召我們住在祂裡面，而那是要花時間的。身體得醫治也是一樣，有時我們為人禱告，那人當場得醫治，但我發現，使人浸泡在醫治禱告中，效果更是不得了。

> 內在醫治是一個過程，需要隨從聖靈引領整個人投入。

醫治的浸泡禱告

當那復興開始後，很快我就愛上使人浸泡在禱告中。當他們在神面前安靜下來的時候，我通常會花幾個小時持續為他們禱告，我們真的看到奇妙的事情發生。

當有人到台前來接受醫治禱告時，我會一邊禱告一邊問他們有沒有什麼感覺。他們多半會獲得某種程度的醫治，但還是有些疼痛或其他不適沒有徹底解決。這時我會求問聖靈：「這裡面有什麼情況呢？是不是有什麼事阻礙他們完全得醫治？」有時聖靈要我問問那人，是否對某人懷有怒氣，是否不肯饒恕誰，或者有什麼跟那情況相關的創傷。這會把他們需要饒恕，或是需要為某個論斷而悔改的地方顯露出來，這樣一解鎖後，那人就獲得更大的醫治或突破了。

約翰和我聽說麥格納透過浸泡禱告

使人得醫治的事奉，大約就在那段期間，我們跟他們夫婦取得聯繫，一起主領了幾場特會。他們所做的，正是當時我一直在學習的那種禱告，但是他們已經開始教導和寫書了，因此我們跟他們學到很多東西。他們連續好幾個小時，甚至連續幾天，使人浸泡在醫治禱告中。單單花時間在一個人身邊持續禱告，就看到不可思議的結果。麥格納談到醫治如何能立即發生，也談到有一天我們將看到所有醫治神蹟都是立即發生，就像耶穌為人禱告那樣。然而，在我們達到那種恩膏程度之前，麥格納發現浸泡禱告是一個很不得了的有效方式，可讓我們看到病得醫治。

麥格納夫婦也很重視心靈得醫治，他們強調聆聽聖靈的重要性，務必隨從聖靈引領找出任何阻礙醫治的論斷、創傷或不肯饒恕。

饒恕與醫治

當我們選擇論斷別人，或是不肯饒恕，就會阻礙我們得醫治。在馬太福音六章14至15節記載，耶穌說：

當我們選擇論斷別人，或是不肯饒恕，就會阻礙我們得醫治。

「你們饒恕人的過犯，你們的天父也必饒恕你們的過犯；你們不饒恕人的過犯，你們的天父也必不饒恕你們的過犯。」透過耶穌，我們已經領受饒恕，我們不公不義的行為和過犯罪惡都已經被赦免了，並且我們已經得到我們本不配得的恩典和憐憫。

有人傷害我們時，我們就希望伸張正義，但是當我們選擇不饒恕他們，我們會收割自己行為的後果。我們留在要求公正之地，但那是仇敵的陣營，我們待在那裡，牠就可以要求我們償付我們所欠的。這就給撒但一個合法權利可阻止我們獲得醫治。反過來，我們需要饒恕別人。耶穌已經把不得了的恩典賜給我們了，所以我們也要給別人恩典。我在為人做醫治禱告時，通常只問一個簡單的問題：「你需要

原諒那場車禍裡的對方駕駛嗎？」或者問說：「需不需要為你涉入的這部分饒恕你自己？」這可以顯示他們對自己或對方仍然不肯饒恕。當我們做了那個簡單的饒恕禱告之後，往往也會看到身體上的轉變，真的很不可思議！

　　某次約翰和我在澳洲教導，一開始服事，約翰就領受知識的言語，他問：「這裡有誰因一場意外而疼痛至今，起碼三十年？」一位師母舉起手，走到台前，對我們說：「我十六歲那年，騎馬的時候，馬失前蹄，我從馬上跌下來，馬倒下壓在我身上，把我的髖骨壓碎，整個骨架也受損。」我們就為她禱告，我們問她是否已經饒恕自己，她說：「那天我去騎馬時，父母告訴我不可以去，但我不聽話，照樣去騎馬。我需要饒恕我自己，因為那是我的錯誤造成的。」所以她就饒恕自己，然後我們為她禱告，她當場好了差不多三分之二。

　　真的很奇妙，可是還有一些疼痛沒有治好，我就禱告求問神，我們是否還有其他事情需要做。這時突然有個想法進來：她需要饒恕那匹馬。我雖有點懷疑，但還是開口問她：「當那匹馬倒在妳身上的時候，妳說什麼

沒有？」當然了，她很氣那匹馬，我就問她有沒有饒恕那匹馬？她回答：「沒有啊，因為我全怪牠跟我自己，害得我疼痛纏身。」她就饒恕那匹馬，一饒恕完，其餘的疼痛立刻不見了，她獲得完全的醫治！

多年後，我在英格蘭的某次聚會上遇見她，她對我說：「我是那個需要饒恕馬的姊妹，我想要告訴妳，自從那天以後，我全身再也沒有一點疼痛了。」就是這麼奇妙，一個簡單的饒恕行動，包括饒恕她自己和她的馬，就使她的生命完全改變了。自從那次意外發生後三十多年，她沒有一天不疼痛，但就在一瞬間，她完全得釋放了。神就是這麼好。

等候並堅持

關於堅持不懈地祈求醫治，聖經有一

些很棒的例子，當你為某人禱告並且等候神，有時神會要求你做某件超出你常規思維的事，就如列王紀下第四章記載以利沙、書念婦人和她兒子的故事。每次以利沙經過書念，這位婦人必定留他吃飯，而且還為他準備一個房間，供他休息。以利沙想要回報她。她膝下無子，因此以利沙預言，來年她會生一個兒子。

她果然生了一個兒子，幾年後這小孩子卻死了，書念婦人就把孩子放在家中，立刻騎驢去找以利沙。以利沙的僕人基哈西先跑去迎接她，問她是不是出了什麼事，但婦人回答說沒事。她繼續向前走，直走到以利沙那裡，就抱住以利沙的腳，無論如何都不放手。她告訴以利沙，她的兒子死了，以利沙吩咐僕人拿他的手杖去，放在孩子臉上。但是，書念婦人堅持以利沙必須同她回去，以利沙就起身跟她去她家。

以利沙進了屋子，就禱告，在屋裡來回地走。神告訴以利沙要伏在孩子的身上，口對口，眼對眼，手對手（孩子已經無氣息了）。就這樣，孩子的體溫逐漸回復，但還沒有活過來。以利沙再次禱告，神告訴他再一次伏在孩子身上，然後，孩子打了七個噴嚏，就睜開眼

睛了。以利沙和書念婦人都堅持不懈地禱告祈求，直到孩子完全得醫治。

耶穌在馬可福音八章22至25節，為那盲人禱告時，也是堅持不懈地禱告到盲人得完全醫治。那盲人請求耶穌醫治，耶穌沒有當場就禱告，而是先領他走到村外，就吐唾沫在他眼睛上，按手在他身上。盲人獲得某種程度的醫治，但還無法看清楚，於是耶穌又按手在他眼睛上，他的視力就完全復原了。這是一個很好的例子，讓我們看到，耶穌完全照父所做的做、照父所說的說。當你為病人祈求醫治時，應

當你為病人祈求醫治時，應當冒個險隨從聖靈在你心中的感動，有可能意味著你得做一件不尋常、不在預期內的事，或是需要等候神，堅持不懈地禱告，直到看見結果。

當冒個險隨從聖靈在你心中的感動，有可能意味著你得做一件不尋常、不在預期內的事，或是需要等候神，堅持不懈地禱告，直到看見結果。

原諒她的父親

我們首次目睹透過浸泡獲得徹底醫治的一個實例是克羅依（Chloe Glassborow）。那是在2003年，約翰和我到英國的巴斯（Bath）服事，那場特會主題是關於天父的愛。克羅依和丈夫史都華（Stuart）對於聚會中發生的事抱持懷疑態度，不過，史都華非常希望克羅依領受醫治，他覺得神要他帶老婆來參加。幾位醫生都說克羅依可能不到三十歲就得坐輪椅，因她從小就有關節炎，近年更有癲癇，每天發作多次。她有乳糖不耐症、卵巢囊腫，每天都偏頭痛。

克羅依來到巴斯參加聚會，她跟自己的父親關係很差，這個聚會卻是談神是父，她根本不想來，她很固執己見。她跟先生坐在最後一排。那天晚上我們教導恩典與饒恕，然後呼召人們走到台前接受禱告。克羅依後來

作見證說，她發現自己幾乎是不由自主地
來到台前。

　　當我們帶領這些走到台前的人饒恕父
母時，我聽到她哭到不能自己，聲音大到
令我走下講台，到她身邊為她禱告。她開
始原諒父親為她人生帶來的許多痛苦，一
樣一樣地饒恕。我為她禱告時，她在聖靈
裡倒下，我覺得我應該待在她身邊。我花
了一些時間徹底為她父親和她之間的問題
禱告，然後神對我說：「問她是否需要醫
治。」於是我說：「妳生病了吧？妳需要
得醫治嗎？」她把一條條病狀都說出來：
「我沒辦法走上樓去，都是老公背我上
樓，我下樓是靠臀部一階一階移下來的，
我幾乎離不開輪椅。」我為她禱告，繼續
陪她浸泡。

　　過了一陣子，她開始感到全身熾熱，
我就扶她站起來，看看有什麼變化。她站
了起來，我問她要不要測試自己是否得了

醫治。我們所在的巴斯城市教會（Bath City Church）講台很高，階梯很陡。她突然走到階梯那裡，一步步踏上最高階，多麼令人驚奇的一幕啊！她完全獲得醫治了，上台階變得如此輕而易舉。她選擇完全饒恕她的父親，然後我陪她浸泡在神的同在中，她就徹底改變更新了。

後來她回診，把整個經過告訴她的醫師，由於她原本服用高劑量的癲癇藥物，醫師不能一下子給她停藥，但是同意用一年的時間逐步遞減。一年之後她完全擺脫藥物，不必再服用，而且從此不曾癲癇發作。現在她和丈夫是Catch The Fire的資深領導團隊成員，他們是很棒的使徒型領袖，為英國和海外各地帶來極大的影響。如今的她和我當年第一次看到的她很不一樣，全因耶穌的大能！

一點一點地

幾年前，我們豐收網路（Harvest network）夥伴教會之一的怡逢（Yvonne Brett）牧師發生嚴重車禍，傷到腦部導致中風。怡逢覺得神告訴她要去多倫多，於是她

把這意願告訴醫師。她住在美國的維吉尼亞州，醫師說她不能坐飛機，開車也不安全。他們給她照的片子顯示大腦有幾處血塊，意味著有再次中風的危險，而且可能是致命的。但怡逢真的很想去，所以她丈夫就找來一部廂型車，後座鋪床墊，讓她可以躺下，這樣一路向北開到多倫多。

他們來參加聚會，約翰看到她，但一時忘了她曾發生車禍，他邀她到台前來，然後請當天的講員賴瑞・藍道夫（Larry Randolph）為她發預言。賴瑞為她領受了一段話，說完後就為她禱告，她在聖靈的大能中倒下。怡逢站在台上時，我注意到她一邊的手腳因中風而行動不便，我就主動上前表示能否陪她浸泡禱告，她同意，我就待在台上，在她身邊禱告讓她浸泡在聖靈中。

過了一段時間，神告訴我把一根手指放在她緊握的手中。我就把一根手指

伸進她的拳頭裡，持續為她禱告、安靜地敬拜耶穌，同時講員賴瑞在傳講信息。終於，神吩咐我請她動一動手指頭。我就說：「怡逢，動動妳的手指頭。」她回答：「我動不了。」我說：「神說妳要動動手指頭，妳就試試看吧。」她真的沒把握，但終於試試看，我感覺她的手指頭動了一下下。

我告訴她我有感覺到：「怡逢，妳的手指頭有動一點點，妳能動的！」但她說：「沒有，不行，我的手指頭沒法動。」我們就這樣在台上一來一往對話約有十分鐘，最後，她終於願意再試試看，她那隻手原本蒼白、帶點灰色，就在我們眼前漸漸恢復血色，這給她更大的信心去動手指頭。接下來就看到她舉起那隻手臂，舞動她的五根手指頭！

我接著說：「來，現在動一動妳的腳，舉起來看看。」她說：「我沒辦法。」我們又一來一往地對話，我鼓勵她，神正在她身體內動工。她先是慢慢地動一動她的腳，然後再多動一點，我說：「怡逢，妳的腳有在動！繼續，繼續動，神正在醫治妳。」不久，她就能左右甩動那隻腳了。她從地上爬起來，就在講道中途，她

那使耶穌從死裡復活的大能，聖靈的能力也充滿她的身體，帶來全新的生命。

竟在台上手舞足蹈，她丈夫站著看呆了，說：「那是我老婆，她沒辦法那樣動的呀！」

多麼不可思議的神蹟！那使耶穌從死裡復活的大能，聖靈的能力也充滿她的身體，帶來全新的生命。我只是花了四十五分鐘待在她身旁不住地禱告，使她浸泡在神的同在中，神就醫治了她。就是這麼簡單，我們都能做得到。當我們被祂的同在充滿時，可以花時間與神同工，使人浸泡，進而使人恢復生機。

我們需要學習聽從神的聲音，當祂輕聲地吩咐你去做某件事，你要像小孩子那樣信賴你的天父。一開始聖靈要我把一根手指放進怡逢手掌心時，似乎是件很奇怪的事，但她的醫治正是從她的手開始。讓

你自己被神的同在充滿吧！且要花時間與祂同工，使人浸泡，進而使人恢復生機。

癌症第四期

記得第一次藉由浸泡教導醫治，是在英格蘭復興聯盟（Revival Alliance）的一場聚會裡，我先針對浸泡向全體做基本介紹，接著講幾個病得醫治的見證，然後我就帶領他們進入一段浸泡中。

當時有位癌症第四期的姊妹來參加特會，但她沒有錢付報名費，我孫女潔西卡仍歡迎她參加，她就來到我帶領的浸泡時段，而我並不知道有這樣一位女士在場。浸泡結束後，我開放時間讓大家上來作見證，她是第一個上台的，她說：「我病得很嚴重，痛得不得了，在門口的那個女孩子讓我進來，我就來參加妳帶領的時段，然後我聽到妳告訴我躺在地上，當時我很生氣，因為我真的痛得不得了，還叫我躺在地上。但我看大家都照做，而且我真的想得著醫治，所以我還是躺下來，儘管我實在痛到不行。」

我告訴大家我們要浸泡大約十五分鐘。那位女士說：「大約到十二分鐘時，我突然發現那疼痛不見了，我一點都不痛了。」她無法相信，因為她胃部的腫瘤大到令她看起來像孕婦，那顆腫瘤消失了！沒有人去為她禱告喔，她只是把自己定位在神面前，躺下來，祈求神醫治她。想想看當時她痛得不得了，卻還願意這樣做，真的非常勇敢。她浸泡時，神就醫治她，拿走她的疼痛也拿走她的腫瘤，完全是個神蹟，全場都為這個透過浸泡而發生的神蹟歡欣鼓舞！每個人都親眼目睹。

當醫治沒發生時

有時當我們禱告，醫治會立即發生，有時卻沒有，令人大失所望。如果沒有即刻獲得醫治，我們會失去希望、信心也跌到谷底。我們會開始問：「問題是不是出

在我？為什麼我沒能獲得醫治？」我們不再看神，也不再求問祂怎麼看待我們的情況。有時則是花一段頗長時間，醫治才臨到，我的經驗就是這樣，在那段疾病纏身的年月裡，**我必須一直緊緊抓住神**，才終於度過。

當醫治沒發生時，我們仍然必須信靠神。創世記讓我們看到約瑟經過一條漫長又艱辛的路途，才終於走到他一直相信神在引領他去的地方。約瑟被賣為奴，與家人斷絕音訊，遭誣告被陷害，下在監牢十三年之久。但從頭到尾他的心都向著神，不曾轉離，沒有抱怨也沒有懷恨。

如果你為一個醫治或突破，禱告了很久，你也一直相信會發生，卻遲遲不見任何結果，請不要灰心失望，就算在人生最艱難的時候，也不要忘記神的恩慈良善，你要抓住祂不放並倚靠祂的話語。耶穌是我們尋求醫治的最好榜樣，因為每一個被祂禱告

你可曾為某人得醫治而禱告，並相信會得著醫治，可卻失望，沒看到任何突破？神知道你的心，今天祂要恢復你的盼望。

的病人都完全康復了，這意味著醫治永遠是可能的。我想鼓勵你保持孩子般的心，相信神仍能醫治你，祂能在頃刻之間帶給你突破，就像當年約瑟一夕之間被帶出監牢，被賦予全埃及一人之下萬人之上的權柄。

✧ 啟動 ✧

你可曾為某人得醫治而禱告，並相信會得著醫治，可卻失望，沒看到任何突破？神知道你的心，今天祂要恢復你的盼望。如果這就是你，請打從心底做這個禱告：

> 神啊，眼看我所愛的人受疾病之苦、沒有照我希望的時機得痊癒，我心裡很難過，我灰心了，我失去了盼望。現在我要為我信從的任何謊言而悔改，神啊，求祢重新恢復我對醫治的盼望和信心，好嗎？我想要從祢的眼光看事情，我相信祢的旨意是要醫治人的，求祢賜下孩子般的信心，好讓我再次相信醫治。

需要得醫治的人是你嗎？那麼在你浸泡時，求神來醫治你的身體：

神啊，祢說我們只要求，祢就必應允。所以，神啊，今天我要向祢求，求祢來充滿我，求祢讓我愛祢，也讓祢愛我。今天我要預備好自己，我要領受醫治。神啊，當我在祢面前安靜休息時，求祢來醫治我。

8. 資源

　　很高興你用這本書當作跳板，躍入與神更美好的關係裡。以下所列資源可幫助你持續走在這條浸泡在聖靈中，進而與神關係更親密的旅程上。當然，除了這些之外，還有許許多多滿得恩膏的美好資源，可幫助你一路向前，以下只是我偏好的幾個例子而已。（編者注：本章所提供的資源例子，截至原書出版的2020年。）

音樂

當我浸泡時，總會選擇能吸引我進入對耶穌之愛中的詩歌。我發現許多專輯都有一兩首很適合浸泡的詩歌，所以我建議你建立自己的浸泡詩歌播放清單，以下是我個人偏愛的幾首：

Bethel Music 發行了好些很棒的專輯，有些被我個人收錄在歌單裡，包括 *Victory*（2019）、*We Will Not Be Shaken*（2015）和 *Be Lifted High*（2011）。他們有兩張伯特利教會敬拜詩歌的純音樂版合輯，無歌唱、無歌詞。

Catch the Fire Music 近期的專輯 *Presence*（2019）有幾首很棒的詩歌，很適合浸泡，包括Jonathan Clarke領唱的 *Affection Devotion* 以及Chris Shealy

和Summer Shealy領唱的*What a Father*。此外，不妨聽
聽 *Everything Comes Alive* 這張專輯，裡頭有Benjamin
Jackson創作的詩歌 *You Shall Reign* 以及Alice Clarke的
Everything Comes Alive。

Terry MacAlmon 已發行多張以鋼琴彈奏為
主的敬拜和浸泡音樂專輯，其中 *The Refreshing, Vol. 1*
（2015）和*The Refreshing, Vol. 2: Symphony of Love*
（2016）這兩張專輯，是默想式敬拜和敬拜詩歌的演奏
篇。

Alberto & Kimberly Rivera 這對夫妻檔來過多
倫多不少次，帶領我們敬拜。他們的音樂本於自然迸發
和聖靈的臨在，所以非常適合浸泡。他們已經發行了四
張專為浸泡使用的專輯，此外還有好幾張演奏專輯。

Bryan & Katie Torwalt 的敬拜音樂我很喜歡。
我常以他們的詩歌 *Holy Spirit*（2011）作為浸泡的起頭，
他們的迷你專輯*Praise Before My Breakthrough*（2018）

收錄了幾首詩歌讓人可以安靜下來從神領受，特別的棒。

Laura Woodley Osman 的專輯 *Home* 是我多年來最愛的浸泡音樂。她的很多張專輯都結合了寧靜的音樂與禱告，幫助你的心靈聚焦於耶穌。她在2015年發行*Story of All Stories*這張專為兒童創作的專輯，其實也非常適合所有年齡層的人用來浸泡。

書籍

本書涵蓋的許多主題你都可以再深入探究，好比：聆聽神的聲音、異夢與異象、認識聖靈、認識天父的愛、與耶穌建立親密關係。如果你想進一步深入了解，以下幾本好書值得一讀：

- John and Carol Arnott, *Grace and Forgiveness*

  （中文版：約翰與凱洛・亞諾特，《擁抱七十個七次：恩典與饒恕》，天恩出版。）

- John and Carol Arnott, *Preparing for the Glory*

  （中文版：約翰與凱洛・亞諾特，《榮耀海嘯：擁抱下一波聖靈澆灌》，天恩出版。）

- Chris DuPre, *The Wild Love of God*

  （尚無中文版。）

- Jack Frost, *Experiencing the Father's Embrace*

  （中文版：傑克・福斯特，《經歷天父的擁抱》，以琳出版。）

- Jeanne Guyon, *Experiencing the Depths of Jesus Christ*

  （中文版：蓋恩夫人，《更深經歷耶穌基督》，證主代理。）

- Peter Herbeck, *When the Spirit Comes in Power*

  （尚無中文版。）

- Benny Hinn, *Good Morning, Holy Spirit*

  （中文版：辛班尼，《早安，聖靈》，以琳出版。）

- John Paul Jackson, *Understanding Dreams and Visions*

（尚無中文版。）

- Beni Johnson, *The Power of Communion*
  （尚無中文版。）

- A.J. Jones, *Finding Father*
  （尚無中文版。）

- James Jordan, *Sonship: A Journey into Father's Heart*
  （尚無中文版。）

- Chester and Betsy Kylstra, *Biblical Healing and Deliverance*
  （尚無中文版。）

- Brennan Manning, *The Ragamuffin Gospel*
  （中文版：曼寧，《衣衫襤褸的福音》，已停版。）

- Andrew Murray, *The Master's Indwelling*
  （尚無中文版。）

- Henri J. M. Nouwen, *The Way of the Heart*

（中文版：盧雲，《喧囂中的寧靜：來自沙漠教父的心靈智慧》，校園出版。）

- Ed Piorek, *The Central Event*
  （尚無中文版。）

- Mark Virkler and Charity Virkler Kayembe, *Hearing God Through Your Dreams*
  （中文版：馬克・尉克勒、崔洛逖・尉克勒・卡耶姆，《譯夢時代：你的夢無比地有意義》，天恩出版。）

- Mark Virkler, *4 Keys to Hearing God's Voice*
  （尚無中文版。）

內在醫治

追求身體和心靈醫治康復的重要性值得再三強調！過去的傷痛如果不處理，是不會自動消失的。你的過去會妨礙你實現神所賜的命定，又會導致你繼續活在不健康的循環裡。而當我們處理內心的問題，就會越來越像耶穌，也能夠更有果效地愛祂，也愛其他人。

　　饒恕是內在醫治的核心，因此我建議你找《擁抱七十個七次：恩典與饒恕》來看，一個一個地饒恕那些曾傷害你的人。

　　我們Catch The Fire各地教會都有**事奉學校**，你可以花五個月或一年的時間讓神在你裡面動工，使你由內而外改變更新。我大力推薦在多倫多Catch The Fire為期三週的領袖學校，一個讓領袖們領受更新與醫治的地方，詳情請上網www.somtoronto.com。

　　根 基 重 建（Restoring the Foundations）是一套很棒的內在醫治事奉，目前在全世界各地都有受過訓練的服事人員，可引導你做為期一週的個人深入禱告，使你的生命和關係得恢復和復興。這種以週為單位的「根基重建」禱告，約翰和我從以前到現在做過很多次了，而且凡是跟我們配搭的同工，也幾乎都做過！我們喜歡使用這項工具是因為它不但使我

們的生命改變更新，也更新了我們所認識、所愛之人的生命。詳情請上網站：www.restoringthefoundations.org。

　　素有聲譽、果效卓著的內在醫治事奉還有很多，包括**伯特利教會的**Sozo，以及HeartSync、Trauma等等。

聖靈引導的浸泡與靈感

　　早期我們在世界各地成立浸泡中心，讓大家聚在一起領受神的臨在，通常是由一位領袖挑選詩歌、經文和禱告，帶領一群人浸泡。如今這些浸泡中心都不再正式運作了，但那並不阻止你們找一群主內弟兄姊妹一起浸泡。如果你在尋找浸泡的靈感，無論是獨自一人或與他人一起，容我將一些經文與祈禱融合如下：

一天開始的浸泡

禱告

聖靈，早安！耶穌，我歡迎祢，我好愛好愛祢，我敬拜祢。神啊，我要用這段時間使我的心在祢面前定位，作為這一天的開始。我要以祢作我這一天的中心。雖然今天可能會有很多事情，但是神啊，求祢幫助我先把那些繁忙的思緒擺一邊，讓我現在站定這個領受祢愛的位置，我很愛很愛祢，我跟祢的關係非常重要，比我今天所有的計畫更重要。求祢向我顯出祢的愛，牽引我親近祢。祢是否有什麼話要對我說呢？

讀經

「祢的瀑布發聲，深淵就與深淵響應；祢
的波浪洪濤漫過我身。白晝，耶和華必向我施慈
愛；黑夜，我要歌頌禱告賜我生命的神。」（詩
篇四十二篇7～8節）

浸泡
領受

忙碌的一天的浸泡

禱告

　　神啊，今天是忙碌的一天，我所面對的每一件事祢都知道，我將每一件事都交回在祢手中。求祢幫我撐掉所有的忙亂和壓力，現在我來到祢面前安靜自己，並邀請聖靈來充滿我。我想要用這段時間來好好地愛祢，雖然現在我生命中有好多事情在進行，但祢比那些更重要。我吩咐我的心思意念安靜下來，我選擇從祢那裡領受，我知道祢是神。我將一切重擔都卸給祢，求祢使我心靈深深地安息。

讀經

「凡勞苦擔重擔的人可以到我這裡來，我就使你們得安息。我心裡柔和謙卑，你們當負我的軛，學我的樣式；這樣，你們心裡就必得享安息。因為我的軛是容易的，我的擔子是輕省的。」（馬太福音十一章28～30節）

浸泡
領受

157

一天結束時的浸泡

禱告

父神，我為今天感謝祢，感謝祢一整天都與我同在，祢看到我所有忙碌的時刻和安靜的時刻，也看到我所有的念頭和行為，而祢仍然愛我，謝謝祢。讓我深深地吸一口氣，當我呼氣時也把每一件事都交還給祢。我想要與祢連結，聖靈啊，歡迎祢的平安現在臨到我身上，我吩咐我的心思意念安靜。神啊，我來進入祢的翅膀蔭下，祢是我的幫助、我的力量，今天我來安靜在祢的同在裡。

讀經

「我在床上記念祢，在夜更的時候思想祢；我的心就像飽足了骨髓肥油，我也要以歡樂的嘴唇讚美祢。因為祢曾幫助我，我就在祢翅膀的蔭下歡呼。我心緊緊地跟隨祢；祢的右手扶持我。」（詩篇六十三篇6～8節）

浸泡
領受

祈求醫治時的浸泡

禱告

神啊，感謝祢，祢是如此不可思議的天父，謝謝祢供應我所有的需要。耶穌，感謝祢在十字架上為我所有的罪污、疾病和痛苦付清了代價，以賽亞書五十三章5節說：「因祂受的鞭傷，我們得醫治。」神啊，祢知道我今天需要得醫治，當我浸泡時，求祢的醫治臨到我、祢的同在充滿我。我選擇制止每一個紛擾的思緒、每一個懼怕，以及每一個謊言，它們不能再阻擋我與祢連結並從祢領受。我仰賴祢的看顧，在我安靜休息在祢面前之時，求祢指示我如何回應祢所做的事。如果有任何我需要饒恕的人、如果有任何我需要悔改的事，我都願意去行，祢想要醫治我，我感謝祢。

讀經

「你們中間作父親的，誰有兒子求餅，反給他石頭呢？求魚，反拿蛇當魚給他呢？求雞蛋，反給他蠍子呢？你們雖然不好，尚且知道拿好東西給兒女；何況天父，豈不更將聖靈給求祂的人嗎？」（路加福音十一章11～13節）

浸泡
領受

163

處於困境時的浸泡

禱告

聖靈，我歡迎祢。今天我帶著許多重擔來到祢面前，我的心正傷痛……（花點時間在神面前傾心吐意、向神訴苦）。神啊，感謝祢，祢知道我的痛苦。我選擇讚美祢，就在今天，在突破來到以前。我感謝祢，祢是良善又厚施恩典的神，即使當我的環境看起來不是那樣，我仍想要經歷祢的安慰、祢的恩慈，以及祢的良善——就在今天。在我走入這低谷的期間，神啊，我想與祢有深入的親密關係，我要更認識祢。

讀經

　　「我的心默默無聲，專等候神；我的救恩是從祂而來。惟獨祂是我的磐石，我的拯救；祂是我的高臺，我必不很動搖。……我的心哪，你當默默無聲，專等候神，因為我的盼望是從祂而來。惟獨祂是我的磐石，我的拯救；祂是我的高臺，我必不動搖。我的拯救、我的榮耀都在乎神；我力量的磐石、我的避難所都在乎神。你們眾民當時時倚靠祂，在祂面前傾心吐意；神是我們的避難所。」（詩篇六十二篇1～2、5～8節）

夫妻一起時的浸泡

禱告

父神，我們歡迎祢。耶穌，請祢來與我們同在。聖靈，請祢來充滿我們。神啊，今天我們夫妻一起把自己交在祢手中，我們婚姻中最重要的就是祢，沒有祢和祢的同在，我們什麼事也做不了。我們敬拜祢，我們要竭力進入祢面前，在祢裡面安息。我們要把所有的優先事項和需要全都卸下，全都交給祢。我們將這段時間獻給祢，求祢來引導我們、帶領我們。求祢以祢的愛充滿我們，好讓我們能彼此相愛，也愛我們周圍的人，像祢愛我們那樣。

讀經

「這樣看來，必另有一安息日的安息為神的子民存留。因為那進入安息的，乃是歇了自己的工，正如神歇了祂的工一樣。所以，我們務必竭力進入那安息，免得有人學那不信從的樣子跌倒了。」（希伯來書四章9～11節）

浸泡
領受

小組一起時的浸泡

禱告

神啊，今天我們聚集要來與祢相會。我們選擇放下一切其他目的，單單尋求祢。我們將心靈和意念都聚焦於祢——我們奇妙的神。聖靈啊，求祢來充滿我們。主耶穌，我們愛祢，祢是我們所愛的。我們在這裡等候祢，我們要與祢同住。感謝祢，當我們乾渴時，祢賜給我們水喝。我們渴望更多得著祢。謝謝祢以豐盛的恩典滿足我們靈魂的需要。謝謝祢，當我們聚集時，祢的同在就在這裡。今天我們要聆聽祢所要說的話。

讀經

　　「你們一切乾渴的都當就近水來；沒有銀錢的也可以來。你們都來，買了吃；不用銀錢，不用價值，也來買酒和奶。你們為何花錢買那不足為食物的？用勞碌得來的買那不使人飽足的呢？你們要留意聽我的話就能吃那美物，得享肥甘，心中喜樂。你們當就近我來；側耳而聽，就必得活。我必與你們立永約，就是應許大衛那可靠的恩典。」（以賽亞書五十五章1～3節）

浸泡
領受

為他人代求時的浸泡

禱告

　　聖靈，我歡迎祢。父神，謝謝祢，祢是樂意賜福給祢兒女的神，祢滿有慈愛，我們感謝祢。現在，求祢來充滿這一位，好嗎？求祢來對他們說話、醫治他們、賜福給他們，今天就引導他們到安靜的水邊，使他們的靈魂甦醒，讓他們深深地汲飲於祢慈愛的同在，使他們被祢同在的安慰和喜樂所充滿。聖靈啊，求祢繼續來充滿。

讀經

「耶和華是我的牧者，我必不致缺乏。祂使我躺臥在青草地上，領我在可安歇的水邊。祂使我的靈魂甦醒，為自己的名引導我走義路。我雖然行過死蔭的幽谷，也不怕遭害，因為祢與我同在；祢的杖，祢的竿，都安慰我。在我敵人面前，祢為我擺設筵席；祢用油膏了我的頭，使我的福杯滿溢。我一生一世必有恩惠慈愛隨著我；我且要住在耶和華的殿中，直到永遠。」（詩篇二十三篇）

浸泡
領受

175

浸泡
領受

浸泡
領受

浸泡
領受

浸泡
領受

浸泡
領受

注釋

第1章 認識神的同在

1. Roberts Liardon, R. (2005). *Kathryn Kuhlman: A Spiritual Biography of God's Miracle Worker*. (New Kensington, Pennsylvania, PA: Whitaker House).

2. Kendall, R.T. (2002) *The Sensitivity of the Holy Spirit*. (Lake Mary, FL: Charisma House).

3. Bill Johnson, B. (2012). *Manifesto for a Normal Christian Life*. [Kindle Ed.]. (Bethel, CA: Bill Johnson Ministries).

第3章 浸泡的影響

1. Mark Virkler, "4 Keys to Hearing God," Communion with God Ministries, accessed June 30, 2019, https://www .cwgministries.org/ Four-Keys-to-Hearing-Gods-Voice.

第4章 浸泡歷史回顧

1. Francis MacNutt, *The Prayer That Heals* (Notre Dame, IN: Ave Maria Press, 2005). 中文版：《醫治的禱告》，以琳出版。

2. Unknown Author, "Desert Fathers," Wikipedia, https:// en.wikipedia.org/wiki/Desert_Fathers. on 2019, May 18.

3. Sarah Pierrepont Edwards, qtd. In Sereno E. Dwight (1830), *The Life of President Edwards: With a Memoir of His Life* (New York: G. & C. & H. Carvill), pp. 171-190, retrieved from https://digital.library.upenn.edu/women/pierrepont/conversion/concersion.html.

4. Smith Wigglesworth, S. (2013), *Manifesting the Divine Nature: Abiding In Power Every Day of the Year* (Shippensburg, PA: Destiny Image), p.71.

5. Catch the Fire Toronto, "Dr. Arne Elsen (30 October 2011) Family Meeting," YouTube, September 19, 2012, retrieved from https://www.youtube.com/watch?v=Z51CfmooIDE, 1:22:30 onward.

6. Unknown Author, "Worship Information Sheet: Lectio Divina," Anglican Communion, https://www.anglicancommunion.org/media/253799/1-What-is-Lectio-Divina.pdf on 2019, May 18.

第5章 僕人與愛人

1. *Merriam-Webster Dictionary*, s.v. "Culture," accessed June 14, 2019, https://www.merriam-webster.com/dictionary/ culture on 2019, June 14.

2. *Baker's Evangelical Dictionary of Biblical Theology*, s.v. "Crown," Bible Study Tools, accessed June 17, 2019, https://www.biblestudytools.com/dictionary/crown/ on 2019, June 17.

3. Kevin Prosch, "So Come," recorded April 1991, in Even So Come A Live Night Of Worship, Kevin Prosch, Vineyard Ministries International, 1991, CD (see full lyrics below).

> You have taken the precious
> From the worthless and given us
> Beauty for ashes, love for hate

You have chosen the weak things
Of the world to shame that which is strong
And foolish things to shame the wise
You are help to the helpless
Strength to the stranger
And a father to the child who's left alone
You've invited the thirsty
To come to the waters
And those who have no money come and buy
So come
So come
So come
So come
Behold the days are coming
For the Lord has promised
That the plowman will overtake the reaper
And our hearts will be the threshing floor
And the move of God we've cried out for will come
It will surely come
For you will shake the heavens
And fill your house with glory
And turn the shame of outcasts into praise

注釋

183

國家圖書館出版品預行編目 (CIP) 資料

浸泡聖靈中：天天與神同在的生活型態 / 凱洛.
亞諾特（Carol Arnott）著；劉如菁譯. -- 初
版. -- 臺北市：天恩出版社，2024.02
　面；　公分. --（復興叢書）
譯自：Soaking in the spirit
ISBN 978-986-277-394-9(平裝)

1.CST: 基督徒 2.CST: 靈修 3.CST: 祈禱

244.93　　　　　　　　　　　113000173

復興叢書

浸泡聖靈中——天天與神同在的生活型態

作　　者／凱洛‧亞諾特（Carol Arnott）　　譯　　者／劉如菁
執行編輯／何妤柔　　　　　　　　　　　　行銷企劃／姜芯芸
文字編輯／甘雅芳　　　　　　　　　　　　美術編輯／楊淑惠

發 行 人／丁懷箴
出　　版／天恩出版社
　　　　　10455臺北市中山區松江路23號10樓
　　　　　郵撥帳號：10162377　天恩出版社
　　　　　電　　話：（02）2515-3551
　　　　　傳　　真：（02）2503-5978
　　　　　網　　址：http://www.graceph.com
　　　　　E-mail：grace@graceph.com
出版日期／2024年2月初版
年　　度／25 24
刷　　次／05 04 03 02 01
登 記 證／局版臺業字第3247號
ISBN 978-986-277-394-9
Printed in Taiwan.　　　　　　　　・版權所有・請勿翻印・

Soaking in the Spirit

Originally published in the USA by

 Destiny Image

Soaking in the Spirit

Copyright © 2020- Carol Arnott

This translation of Soaking in the Spirit is published by
arrangement with Destiny Image